Beat Schaller

Die Macht der Psyche

Beat Schaller

Die Macht der Psyche

Die 202 Geheimnisse menschlichen Verhaltens

Wirtschaftsverlag Langen Müller / Herbig

Bitte besuchen Sie uns auch im Internet unter
http://www.herbig-verlag.de

2. Auflage Januar 2002
3. Auflage Februar 2003 (Sonderproduktion)
4. Auflage Oktober 2003 (Sonderproduktion)
5. Auflage August 2006 (Sonderproduktion)

Schutzumschlaggestaltung:
Atelier Bachmann & Seidel, Reischach
Satz: Fotosatz Völkl, Puchheim
Druck und Binden: GGP Media GmbH, Pößneck
Printed in Germany
ISBN 3-7766-9011-9
ab 1. 1. 2007: ISBN 978-3-7766-9011-8

Inhalt

Kapitel 5 Menschen sind so kollegial

Kapitel 6 Menschen sind so fair

Kapitel 7 Menschen sind so isoliert

Kapitel 8 Menschen sind so produktiv

Kapitel 9 Menschen sind so dominant

Kapitel 10 Menschen sind so aggressiv

Kapitel 11 Menschen sind so attraktiv

Kapitel 18 Menschen sind so bestialisch

Kapitel 19 Exkurs: Tiere sind so menschlich

Kapitel 20 Menschen sind so egoistisch

Kapitel 21 Menschen sind so ökonomisch

Kapitel 22 Menschen sind so kommunikativ

Kapitel 23 Menschen sind so informiert

Kapitel 26 Menschen sind so dynamisch

Die Begriffe werden durchgängig als Sammelnamen (Kollektiva) für beide Geschlechter gebraucht.

Einführung: Ist das nur menschenmöglich?

Himmlisch, höllisch, tierisch: Menschen sind so – sei es in der Familie, in der Firma oder unter Freunden. Um den Geheimnissen des Menschen auf die Spur zu kommen, untersuchen wir Menschen wie Sie und mich. Und wir werden entdecken: Erstaunlich, was wir Menschen so alles tun. Und noch erstaunlicher, zu welchen Lob- und Schandtaten wir Menschen ganz offensichtlich bereit sind!

Vergessen Sie das Wort Wissenschaft. Dieses Buch soll Ihnen ganz einfach zeigen, was im Alltag *in* den Menschen und *zwischen* den Menschen vor sich geht. Es richtet sich an Leute, die mehr über Menschen erkunden und erkennen wollen, jedoch nicht die Zeit haben, honorigen Professoren in den Hörsälen renommierter Universitäten zu lauschen, und die vielleicht auch ein bißchen Scheu vor wissenschaftlichen Erklärungen haben. Und es richtet sich an Leute, die mehr aus sich selbst und aus anderen Menschen herausholen wollen.

Freilich liegen den 202 Erkenntnissen hervorragende Forschungsarbeiten der Wissenschaften über den Menschen zugrunde. Diese wissenschaftlichen Versuchsreihen fördern überraschende Entdeckungen über uns Menschen ans Tageslicht. Alle diese Tests und Effekte werden in verständlicher Form erklärt.

Es ist nicht nötig, das Buch am Stück von vorne bis hinten durchzulesen. Blättern Sie getrost hin und her, und gehen Sie den Fragen nach, die Ihnen dabei ins Auge springen. »Die Macht der Psyche« ist ein nützliches Handbuch und zugleich ein leicht zugängliches Nachschlagewerk. Darin erhalten Sie wertvolle Tips, die Sie sofort umsetzen können. Das Buch versteht sich denn auch als »Power Psychology for Power People«.

Sommer 1999 Dr. Beat Schaller

Kapitel 1
Menschen sind so intelligent

Wir vergessen in zwanzig Minuten mehr als in einunddreißig Tagen

Professor Hermann Ebbinghaus (1850–1909) führte die ersten Gedächtnisexperimente durch. Ebbinghaus lernte Listen mit sinnfreien Silben auswendig. Er übte so lange, bis er eine Liste korrekt auswendig hersagen konnte.
Die klassische Vergessenskurve nach Ebbinghaus stellte den Prozentsatz erinnerter Silben aus der ursprünglichen Liste dar. Es ist deutlich erkennbar, daß selbst Professor Ebbinghaus in den ersten zwanzig Minuten mehr vergessen hat als in den folgenden einunddreißig Tagen!

Schaubild 1: Wir vergessen erst schnell, dann langsam

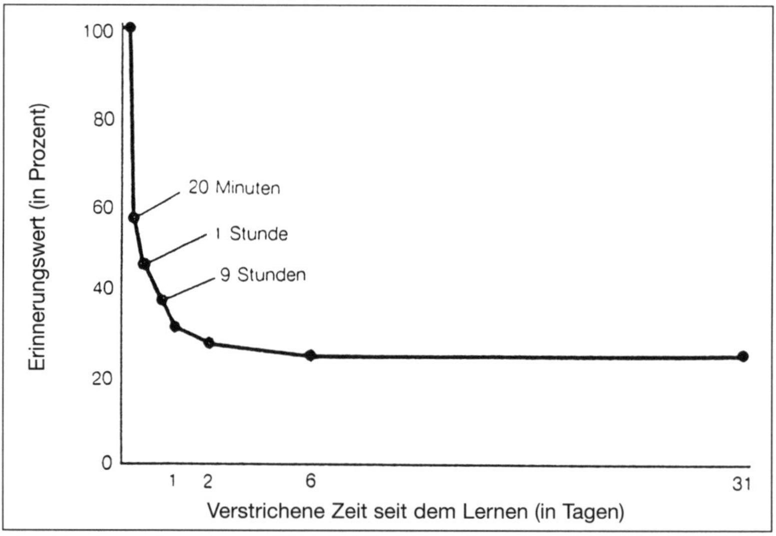

Das Schaubild 1 zeigt die klassische Vergessenskurve nach Ebbinghaus. Jeder Punkt stellt den Prozentsatz erinnerter Silben aus der ursprünglichen Liste dar. Es ist deutlich erkennbar, daß in den ersten zwanzig Minuten mehr vergessen wird als in den folgenden einunddreißig Tagen.

Sowohl die anfängliche Schnelligkeit des Vergessens – vierzig Prozent in den ersten zwanzig Minuten – als auch die spätere Langsamkeit des Vergessens – fünfundzwanzig Prozent in den folgenden einunddreißig Tagen – überraschen.

Das Langzeitgedächtnis schlägt das Kurzzeitgedächtnis

In der Tat ist deutlich erkennbar, daß wir – dem Professor geht's ja nicht besser – in den ersten zwanzig Minuten mehr vergessen als in den folgenden einunddreißig Tagen. Und bereits eine Stunde nach dem Lernen haben wir rund die Hälfte der Silben vergessen. Allerdings scheint irgendwann das Vergessen sogar völlig aufzuhören; es sieht so aus, als ob das Gedächtnis nach einiger Zeit einen bestimmten Punkt erreicht, an dem das Erlernte dauerhaft behalten und nicht mehr vergessen wird.

Zum einen Ohr rein, zum andern Ohr raus

Gestatten Sie eine Empfehlung. Wiederholen Sie Schlüsselbotschaften. Wiederholen Sie diese immer wieder.* Und verlernen sie schleunigst das eine, was Sie in der Schule gelernt haben. In Schulaufsätzen galten Wiederholungen als Fehler – vielleicht erinnern Sie sich noch an das große »W« am Heftrand. Jahrelang wurden wir getrimmt, gefälligst auf Wiederholungen zu verzichten. Verlernen Sie es! Vergessen Sie es! Warum? Wie die klassische Vergessenskurve von Ebbinghaus belegt, stimmt lernpsychologisch das Gegenteil. Schreiben Sie sich hinter die Ohren: Einmal ist keinmal. Wer anderen etwas vermitteln will, muß die Kernbotschaft mehrmals wiederholen – spätestens nach zwanzig Minuten. Wer nicht wiederholt, unterliegt dem »Goeschenen-Airolo-Effekt« (Botschaft zum einen Ohr rein, zum andern Ohr raus). Wiederholungen erst erhöhen die Wahrscheinlichkeit, daß Botschaften verankert werden. Wiederholungen erst steigern den Erinnerungswert.

Nr. 1: Der Goeschenen-Airolo-Effekt

Ebbinghaus, H.: Über das Gedächtnis. Leipzig 1885.

* Daß die Kernbotschaft – wir vergessen in den ersten zwanzig Minuten mehr als in den folgenden einunddreißig Tagen – viermal wiederholt wurde, ist – ich gestehe es offen – durchaus beabsichtigt und wohl begründet.

Schlafen Sie gesund und tief, und Sie vergessen weniger

Ob Sie es glauben oder nicht: Nachdem wir etwas gelernt haben, sollten wir – Sie lesen durchaus richtig – schlafen gehen. Denn während des Schlafens vergessen wir außerordentlich wenig.
Bleiben Sie nach dem Lernen wach, vergessen Sie durch die nicht zu vermeidenden neuen Lernaktivitäten unverhältnismäßig mehr. Beispiel: Sie haben Englischwörter gelernt, hernach prägen Sie sich ein Gedicht in Französisch ein. Das Auswendiglernen des Gedichts beeinträchtigt rückwirkend das Erinnerungsvermögen der Englischwörter. Diese Beeinträchtigung nennen Fachleute eine »retroaktive Hemmung«.
Wie hoch ist das Erinnerungsvermögen des gelernten Stoffes (»Reproduktionsfrequenz«) in Prozenten nach einer Stunde oder gar nach zwei, vier und acht Stunden?

Schaubild 2: Unermüdliche Schaffer vergessen schneller

Wir erinnern uns …	*im Wachzustand an*	*im Schlafzustand an*
nach 1 Stunde	*46%*	*70%*
nach 2 Stunden	*31%*	*54% (!)*
nach 4 Stunden	*22%*	*55% (!)*
nach 8 Stunden	*9%*	*56% (!)*

Auffallend ist die Tatsache, daß das Vergessen nach zwei Stunden im Schlafzustand nicht mehr zunimmt. Nach zwei Schlafstunden pendelt sich das Vergessen auf etwa der Hälfte ein! Hingegen steigt die Vergessensrate im Wachzustand ständig weiter an.

Siebenschläfer und Schlafmützen vergessen weniger

Alles spricht für einen gesunden und tiefen Schlaf: Siebenschläfer und Schlafmützen behalten das erlernte Wissen besser als allzu emsige Arbeitstierchen. Unermüdliche Schaffer vergessen ungleich schneller. Die oftmals gescholtenen Siebenschläfer und

Schlafmützen müssen die wissenschaftliche Erkenntnis als frohe Botschaft empfinden: Je schlaffreudiger der Mensch nach dem Lernen ist, desto größer ist seine Fähigkeit, die Inhalte zu behalten. Und deutlich sei's gesagt: Fernsehen nach dem Lernen ist ebenso Gift wie die nächste Schulstunde. Schlafen empfiehlt sich jedoch sehr.

Nr. 2: Der Schlafmützen-Effekt
Der Siebenschläfer-Effekt

Correll, W.: Lernpsychologie. Donauwörth 1961.
Scheithe, K./Bäuml, K.-H.: Die Rolle der Reminiszenz bei der retroaktiven Hemmung. Zeitschrift für Psychologie, 1996, 135–148.

Wer schon Wissen hat, dem wird gegeben

Wie kommt es, daß Menschen das Fernsehen sehr ausgiebig nutzen, ihr Wissensstand jedoch bedenklich tief bleibt? Mehr Information genügt also nicht. Einer Scherenbewegung gleich führt mehr TV-Information eher dazu, daß sich die Wissenskluft zwischen den schlecht und den ohnehin schon gut Informierten verstärkt.

Dumme werden dümmer, und Gescheite werden gescheiter

Die Massenmedien verstärken die Wissenskluft zwischen Menschen mit hoher und niederer Schicht- und Bildungszugehörigkeit, weil die besser Gestellten und besser Gebildeten …

1. vermehrt die informationsreichen Printmedien nutzen (eher Zeitungen und Bücher lesen als fernsehen),
2. über ein besseres Vorwissen in Fachbereichen verfügen,
3. schneller auffassen und lernen und
4. darüber hinaus mehr relevante Informationen über soziale Netzwerke (Familie, Firma, Freunde) erhalten.

Diese vier Gründe führen zu einer Wissenskluft (»Knowledge-gap«) zwischen schlecht und gut Informierten. Die Schere zwischen Dummen und Gescheiten öffnet sich. Die Informationen breiten sich ungleichmäßig aus – genauso wie es schon in der Bibel stand: Jenen besser Gestellten und besser Gebildeten, die ohnehin schon Wissen haben, wird durch deren Fernsehnutzung noch mehr gegeben.

Nr. 3: Der Knowledge-Gap-Effekt
Der Dumme-werden-dümmer-Effekt
Der Gescheite-werden-gescheiter-Effekt

Tichenor, P./Donohue, G./Olien, C.: Mass Media Flow and Differential Growth in Knowledge. In: Public Opinion Quarterly, 1970, 159–170.

Was uns auf einen Blick auf die Sprünge hilft

Schachmeister sind in der Lage, sich an die Stellung *aller* Figuren auf dem Brett richtig zu erinnern, wenn man ihnen fünf Sekunden lang ein Schachbrett gezeigt hat. Im Vergleich dazu konnten durchschnittliche Spieler nach fünf Sekunden im Schnitt nur vierzig Prozent der Figuren wiedergeben. Schachmeister orientieren sich schneller und besser als Schachlaien. Warum? Schachmeister rufen ihr Wissen im Gedächtnis schneller und besser ab. Schachmeister verfügen über einen inneren Kompaß. Fachleute nennen dies ein »kognitives Schema«.

Wie stehen die Figuren auf dem Schachbrett?

Besonders aufschlußreich ist die Erkenntnis, daß sich der Unterschied zwischen Schachmeistern und Schachlaien nur zeigt, wenn die Figuren auf dem Schachbrett tatsächlich in Positionen standen, wie sie in einem Spiel vorkommen können. Werden die Figuren zufällig auf dem Brett verteilt, ist die Merkfähigkeit der Schachmeister nicht besser als diejenige durchschnittlicher Spieler!

Schachmeister orientieren sich auf einen Blick

Mit einem Schema organisieren wir unser Wissen im Gedächtnis auf einen Blick. Das Schema wirkt wie ein Kompaß. Zum Beispiel haben wir ein bestimmtes Schema im Kopf, wenn wir Essen gehen (einen Tisch reservieren, die Speise- und Weinkarte einsehen, Essen und Getränke bestellen usw.). Dieser Vorgang des »Wiedererkennens« ermöglicht in vielerlei Hinsicht eine schnelle und sinnvolle Orientierung. Mit dem »Schachbrett«-Effekt verschaffen sich Experten gegenüber den Laien einen zumindest zeitweiligen Vorteil.

Nr. 4: Der Schachbrett-Effekt

Bartlett, F. C.: Remembering. Cambridge 1950.
De Groot, A.: Schachmeister-Experiment. In: Schwartz, S.: Wie Pawlow auf den Hund kam. Weinheim 1988.

Das Gedächtnis arbeitet – und wie!

Augenzeugen sollen vor dem Richter »die Wahrheit und nichts als die Wahrheit« aussagen. Nur zu oft machen die Richter die Rechnung ohne das Gedächtnis der Augenzeugen. Das Gedächtnis schläft nicht. Das Gedächtnis arbeitet – und wie!
Im Anschluß an einen Autounfall wurden die Augenzeugen in zwei Gruppen aufgeteilt. Beide Gruppen sahen sich denselben Film vom Autounfall an. Danach wurden die Augenzeugen befragt. Die Fragen unterschieden sich mit Ausnahme eines einzigen Wörtchens nicht.

Die einen Augenzeugen wurde gefragt:

> »Wie schnell etwa fuhren die Autos, als diese *ineinanderkrachten?*«

Die andere Gruppe wurde gefragt :

> »Wie schnell etwa fuhren die Autos, als diese *zusammenstießen?*«

Wer befindet sich im falschen Film?

Eine Woche später wurden die Versuchspersonen erneut eingeladen, um sich nochmals an die im Film gezeigten Details zu erinnern.

Bei dieser Gelegenheit wurde allen Versuchspersonen die Frage gestellt:

»Haben Sie gesehen, daß Glas zersplittert ist?«

Im Film waren zwar keinerlei Glassplitter zu sehen, dennoch beantworteten die Versuchspersonen, denen zuvor die Frage mit dem Reizwort *»ineinanderkrachen«* gestellt worden war, doppelt so häufig mit Ja, als diejenigen, denen gegenüber von *»zusammenstoßen«* die Rede gewesen war.

Wer schreibt das Drehbuch unseres Lebens?

Ganz offensichtlich funktioniert unser Gedächtnis nicht wie ein Videorecorder, der auf Knopfdruck brav abspult, was er einst faktentreu aufgezeichnet hat. Vielmehr schreibt das Gedächtnis das Drehbuch unseres Lebens fortlaufend um – selbstverständlich fortlaufend uns selbst begünstigend. Dabei streicht das Gedächtnis vorzugsweise Unliebsames, fügt Wünschbares hinzu und versieht längst vergangene Ereignisse mit neuer Bedeutung. Unvermittelt fühlen sich Erinnerungen, die falsch sind, genauso an wie die echten.

Mit Augenzeugen vor Gericht …

Die Tatsache, daß Augenzeugen vor Gericht wegen des konstruierenden Charakters des Gedächtnisses manchmal falsch aussagen, ist auch uns selbst vertraut. Unser Gedächtnis arbeitet selbst hinsichtlich sehr vertrauter Dinge alles andere als vollkommen: Versuchen Sie einmal, eine Münze, die Sie täglich in der Hand halten, aus dem Gedächtnis zu zeichnen, und vergleichen Sie das Ergebnis mit der tatsächlichen Münze …

Nr. 5: Der Drehbuch-Effekt
Der Augenzeugen-Effekt

Korte, J.: White Gloves. How We Create Ourselves Through Memory. New York 1995.

Auf die Startnummer kommt es an

In der Leistungsgesellschaft spielen wir zeitlebens um Sieg oder Platz. Für die Leistungsbeurteilung entscheidend ist und bleibt nicht die Leistung an und für sich. Was soll dann nur entscheidend sein? Es ist die Reihenfolge, die psychologisch für die Leistungsbemessung entscheidend ist. Mit anderen Worten: Auf die Startnummer kommt's an.
Kehren wir für einen Augenblick in die Schulzeit zurück. Zwei Schülerinnen – nennen wir sie »Gut« und »Schlecht« – legen eine mündliche Prüfung ab. Beide Prüfungen werden mit einer Videokamera aufgezeichnet.
Insgesamt achtundsiebzig Lehrkräfte aus deutschen Gymnasien sehen sich das Video mit der Prüfung der Kandidatin Gut an und bewerten die Leistung im Mittel mit der Note 2,95. Andere achtundsiebzig Lehrkräfte ebenfalls aus deutschen Gymnasien verfolgen die Prüfung der Kandidatin Schlecht auf Video. Die Kandidatin Schlecht erhält im Mittel nur die Note 3,84. Fazit: Die Prüfungen sind von klar unterschiedlicher Qualität. Die Differenz zwischen der guten und der schlechten Prüfung beträgt 0,89 Notenpunkte. Zur Erinnerung: In Deutschland gilt der Maßstab Note 6 = ungenügend, Note 1 = sehr gut.

Das Gesetz der Reihenfolge

Die Lehrkräfte vergeben die Noten ohne Vergleichsmöglichkeiten. Sie benoten entweder die Prüfung der Kandidatin Gut oder der Kandidatin Schlecht. Sobald die Lehrkräfte beide Prüfungen in einer Abfolge beurteilen, fallen die Noten aufgrund des Kontrast-Effekts unterschiedlicher aus – wohlverstanden zum Guten und zum Schlechten hin.

Wie eine gute Prüfung noch besser wird

Sehen die Lehrkräfte zuerst die Prüfung der Schülerin Schlecht (Note 3,84) und unmittelbar danach die Prüfung der Schülerin Gut (Note 2,95), beurteilen die Lehrkräfte die Prüfung der Kandidatin Gut noch *besser.* Tip an die Kandidatin Gut: Sehen Sie zu, daß Sie nach der Kandidatin Schlecht ins Prüfungsrennen gehen. Warum? Ihre gute Prüfung wird noch besser beurteilt, wenn Sie nach der schwächeren Kandidatin Schlecht an die Reihe kommen. Der Kontrast-Effekt spielt.

Wie eine schlechte Prüfung noch schlechter wird

Sehen die Lehrkräfte zuerst die Prüfung der Schülerin Gut und unmittelbar danach die Prüfung der Schülerin Schlecht, beurteilen die Lehrkräfte die Prüfung der Kandidatin Schlecht noch *schlechter* als mit der ohnehin schon schwachen Note 3,84. Jetzt spielt der Kontrast-Effekt zum Schlechten hin. Tip an die Kandidatin Schlecht: Sehen Sie zu, daß Sie nicht nach der Kandidatin Gut, sondern nach einer noch schwächeren Kandidatin an die Reihe kommen.

Verkaufen mit dem Kontrast-Effekt

Besonders das intelligente Verkaufspersonal hat den Kontrasteffekt im Blut. Das Verkaufspersonal verkauft intuitiv zuerst den Anzug für neunhundert Mark, denn wenn es dann um das Hemd geht, auch um ein teures, kommt dieses im Vergleich zum Anzug dem Kunden billig vor. Ein Mann mag sich dagegen sträuben, hundertfünfzig Mark für ein Hemd auszugeben, aber wenn er gerade einen neunhundert Mark teuren Anzug gekauft hat, erscheinen hundertfünfzig Mark für ein Hemd ganz akzeptabel. Dasselbe gilt für weitere Zusatzkäufe, wenn ein Kunde passende Accessoires (Krawatte, Schuhe, Gürtel) zum neuen Anzug kaufen will. Wenn ein Mann ein Bekleidungsgeschäft betritt in der Absicht, lediglich einen Anzug zu kaufen, gibt er fast immer mehr Geld für Accessoires aus, wenn er diese im Anschluß an den teuren Anzug kauft. Zwei beliebige Dinge, die der Kunde in einer bestimmten Reihenfolge wahrnimmt, empfindet er als verschiedener, als der Unterschied eigentlich ist.

Nr. 6: Der Kontrast-Effekt

Birkel, P.: Mündliche Prüfungen. Bochum 1978.
Cialdini, R. B.: Die Psychologie des Überzeugens. Bern 1997.
Sherif, M./Hovland, C. I.: Social Judgement. Assimilation and Contrast Effects in Communication and Attitude Change. New Haven 1961.
Whitney, R./Hubin, T./Murphy, J.: The New Psychology of Persusasion and Motivation in Selling. Englewood Cliffs 1965.

Schaubild 3: Wenn die Tochter den Eltern schreibt

Liebe Mutti, lieber Papa!

Ich bin etwas schreibfaul geworden, seit ich zum Studium von zu Hause weggegangen bin, und es tut mir leid, daß ich nicht schon früher mal geschrieben habe. Ich werde Euch jetzt auf den neuesten Stand bringen, aber ehe Ihr weiterlest, setzt Euch bitte erst einmal hin. Lest erst weiter, wenn Ihr Euch gesetzt habt, okay?
Also dann, mittlerweile geht es mir eigentlich schon wieder ganz gut. Der Schädelbruch und die Gehirnerschütterung, die ich mir zugezogen hatte, als ich aus dem Fenster gesprungen war, nachdem im Wohnheim kurz nach meiner Ankunft ein Feuer ausgebrochen war, sind schon ganz gut verheilt. Ich war nur zwei Wochen im Krankenhaus, und jetzt kann ich schon fast wieder normal sehen und bekomme nur noch einmal am Tag diese elenden Kopfschmerzen. Zum Glück waren das Feuer im Wohnheim und mein Sprung von einem Tankwart von der Tankstelle nebenan beobachtet worden, und er war es auch, der die Feuerwehr und den Krankenwagen rief. Er besuchte mich auch im Krankenhaus, und weil ich ja wegen des Wohnheimbrands nicht wußte, wohin ich sollte, war er so lieb, mir anzubieten, erst mal in seiner Wohnung unterzukommen. Die ist eigentlich mehr ein Kellerraum, aber irgendwie hat sie etwas. Er ist echt ein toller Typ, und wir haben uns wahnsinnig ineinander verliebt und wollen heiraten. Das genaue Datum steht noch nicht fest, aber das Ganze soll noch über die Bühne gehen, ehe man mir meine Schwangerschaft ansieht.

Ja, Mutti und Papa, ich bin schwanger, ich weiß, daß Ihr Euch darauf freut, Oma und Opa zu werden, und ich weiß, daß ihr das Baby von ganzem Herzen willkommen heißen werdet und daß es von Euch genauso hingebungsvoll geliebt und gepflegt werden wird wie ich, als ich ein Kind war. Der Grund dafür, daß wir jetzt noch nicht heiraten, ist, daß mein Freund eine kleine Infektion hat, weswegen es Schwierigkeiten mit den Bluttests gibt, die für die Eheschließung verlangt werden, und ich mich dummerweise angesteckt habe. Ich weiß, das Ihr ihn mit offenen Armen in unsere Familie aufnehmen werdet. Er ist sehr nett, hat zwar keine abgeschlossene Ausbildung, ist aber ehrgeizig.
Jetzt, wo ich Euch auf den neuesten Stand gebracht habe, möchte ich Euch mitteilen, daß es keinen Brand im Wohnheim gab, ich keine Gehirnerschütterung und keinen Schädelbruch hatte, nicht im Krankenhaus war, nicht schwanger bin, nicht verlobt, nicht infiziert und daß es keinen Freund gibt. Allerdings habe ich eine Vier in Geschichte und eine Sechs in Chemie, und ich will, daß Ihr diese Zensuren im richtigen Verhältnis seht.
Es grüßt Euch herzlich Eure Tochter

Sharon

Sharon mag in Geschichte und Chemie durchgefallen sein, in Psychologie hätte sie auf jeden Fall eine Eins verdient. Sharon spielt den Kontrast-Effekt durch eine geschickte Abfolge der Ereignisse. Sharons Mutti und Papa empfinden den Prüfungsmißerfolg der Tochter nicht mehr als Weltuntergang.

Werden Sie konkret! Bleiben Sie abstrakt!

Wann haben Sie zuletzt etwas auswendig gelernt? Vor gar langer Zeit oder erst vor kurzem – das macht gar nichts. Gestatten Sie, daß ich Sie zu zwei kleinen Übungen einlade. Sie erhalten die einmalige Gelegenheit, Ihre Merkfähigkeit zu messen.

1. Übung: Wir lernen die erste Lernreihe auswendig

1.1. Merken Sie sich möglichst viele Begriffe der ersten Lernreihe. Zum Einprägen erhalten Sie sechzig Sekunden. Beginnen Sie jetzt. Die Zeit läuft.

Begriffe der ersten Lernreihe:

Anlaß, Edition, Projekt, Pflicht, Beispiel, Vorfall, Geschick, Dauer, Regeldichte, Engagement, Konzept, Ansatz, Niveau, Beratung, Initiative, Schicksal, Verdacht, Wille.

1.2. Schreiben Sie nun die behaltenen Begriffe in den Kasten auf Seite 34. Sie haben dafür fünfundvierzig Sekunden Zeit.

1.3. Vergleichen Sie die auswendig niedergeschriebenen Begriffe mit den achtzehn vorgegebenen Begriffen der ersten Lernreihe! Wie viele Begriffe haben Sie richtig notiert?

2. Übung: Wir lernen die zweite Lernreihe auswendig

2.1. Merken Sie sich möglichst viele Begriffe der zweiten Lernreihe. Zum Einprägen erhalten Sie wiederum sechzig Sekunden. Beginnen Sie jetzt. Die Zeit läuft.

Begriffe der zweiten Lernreihe:

Bratpfanne, Butter, Hals, Ente, Erde, Flasche, Klippe, Hexe, Pfeffer, Priester, Salat, Schatten, Stange, Welle, Papagei, Telefon, Ei, Auto.

2.2. Schreiben Sie die behaltenen Begriffe in den zweiten Kasten auf Seite 34. Sie haben dafür fünfundvierzig Sekunden Zeit.

2.3. Vergleichen Sie die auswendig niedergeschriebenen Begriffe mit den achtzehn vorgegebenen Begriffen der zweiten Lernreihe! Wie viele Begriffe haben Sie richtig notiert?

1. Übung (Seite 33): Wie viele Begriffe der ersten Lernreihe behalten Sie?

Die Lernreihe 1 enthält achtzehn Begriffe. Schreiben Sie innerhalb von fünfundvierzig Sekunden die behaltenen Begriffe nieder:
Aus der Lernreihe 1 habe ich ____ Begriffe auswendig richtig niedergeschrieben (Anzahl einsetzen).

2. Übung (Seite 33): Wie viele Begriffe der zweiten Lernreihe behalten Sie?

Die Lernreihe 2 enthält achtzehn Begriffe. Schreiben Sie innerhalb von fünfundvierzig Sekunden die behaltenen Begriffe nieder:
Aus der Lernreihe 2 habe ich ____ Begriffe auswendig richtig niedergeschrieben (Anzahl einsetzen).

Wie viele Begriffe aus der Lernreihe 1 und der Lernreihe 2 haben Sie richtig notiert? Vermutlich haben Sie mehr Begriffe der Lernreihe 2 behalten. Denn die konkreten Begriffe der zweiten Lernreihe werden leichter gelernt als die abstrakten Begriffe der ersten.

Ich merke mir, was ich mir vorstellen kann

Informationen lassen sich besser behalten, wenn es dem Lernenden gelingt, persönliche Vorstellungsbilder mit den Bedeutungen der Begriffe zu verbinden: Konkrete Begriffe wie in der zweiten Lernreihe werden durch wahrnehmungsgebundene Vorstellungen leichter verschlüsselt und leichter entschlüsselt.
Bei abstrakten Begriffen der ersten Lernreihe fehlen oft persönliche Vorstellungsbilder. Dadurch fällt die Wiedergabe aus dem Gedächtnis schwerer.
Der Mnemo-Effekt (auch Loci-Effekt) gewährleistet eine Behaltenssteigerung konkreter Begriffe, indem die einzelnen Gegebenheiten gleichsam als Eselsbrücke in ein übergreifendes Vorstellungsbild (zum Beispiel Haus, Park, Küstenlandschaft) eingefügt, veranschaulicht und dadurch in einem besonders hohen Maße organisiert werden.

Eselsbrücke

Die konkreten Begriffe der zweiten Lernreihe können in ein Vorstellungsbild – zum Beispiel eine Küstenlandschaft – gefügt werden. Mit einer solchen Eselsbrücke erzeugen wir den Mnemo-Effekt, der sich in einem besseren Erinnerungsvermögen niederschlägt.

> Eine *Hexe* mit *pfeffer*rotem Mund, *salat*grüner Nase und *butter*gelber Haut surfte auf einer *Bratpfanne* auf dem Meer. Nach einer *Flasche* Wein ritt sie immer verwegener auf *Wellen,* bis sie an einer *Klippe* zerschellte. Der *Priester* zog sie an einer *Stange* aus dem Meer und übergab sie im *Schatten* der kühlen *Erde.*

Zwölf Begriffe kommen in dieser bildhaften Eselsbrücke vor. Mit solchen Mnemo-Effekten verbessern Sie Ihre Merkfähigkeit deutlich.

Konkret oder abstrakt?

Beabsichtigen Sie, daß die Leute möglichst die Schlüsselbotschaften Ihrer Rede oder Schreibe behalten, dann werden Sie sofort konkret. Sagen Sie es klipp und klar, deutsch und deutlich. Setzen Sie möglichst konkrete Begriffe ein, um an die persönlichen Vorstellungsbilder der Leute anzuknüpfen.

Geraten Sie jedoch – und ich spreche jetzt keineswegs nur Politiker an – in jene verzwickte Lage, daß Sie sprechen müssen, jedoch nichts sagen wollen, dann reden Sie getrost so abstrakt wie nur möglich. Mit abstrakten Begriffen erzeugen Sie die geringsten Behaltensleistungen. Die Leute nehmen sie inhaltlich kaum wahr. Und Sie kommen aalglatt davon.

*Nr. 7: Der Mnemo-Effekt
Der Loci-Effekt*

Paivio, A.: Imagery and verbal responses. New York 1971.
Wippich, W.: Mnemotechnik. Schweizerische Zeitschrift für Psychologie, 1977, 36, 35–42.

Die Kandidatin hat hundert Punkte

Viele soziale Situationen sind für Beobachter nicht eindeutig zu interpretieren. Diese Unschärfe gilt für Leistungssituationen. Was bedeutet es, wenn Sie in einer Prüfung einen Wert von sechsunddreißig Punkten erzielen? Was bedeuten fünfundvierzig Punkte in der jährlichen Qualifikation?
Menschen interessieren sich stark für eine Vergleichsinformation. Sie verlangen nach einem Kompaß, denn Testwerte für sich allein genommen sagen häufig herzlich wenig aus. Um diese Fragen zu beantworten, könnten wenigstens zwölf unterschiedliche Informationen sachlich eingeholt werden (Schaubild 4).

Schaubild 4: Leistung zählt. Gibt es sonst noch Fragen?

1. Welches war der niedrigste mögliche Testwert (theoretisches Minimum der Skala)?
2. Welches war der höchste mögliche Testwert (theoretisches Maximum der Skala)?
3. Welches war der niedrigste Testwert, der praktisch erzielt wurde?
4. Welches war der höchste Testwert, der praktisch erzielt wurde?
5. Wie oft wurde der niedrigste Testwert erzielt?
6. Wie oft wurde der höchste Testwert erzielt?
7. Wie groß war der Unterschied zwischen dem niedrigsten erzielten und dem höchsten erzielten Testwert (»Range«)?
8. Welches war der häufigste Testwert (»Median«)?
9. Welches war der durchschnittliche Testwert (»Medium«)?
10. Wie viele Personen (in Prozenten) erhielten bessere Testwerte als ich?
11. Wie viele Personen (in Prozenten) erhielten denselben Testwert wie ich?
12. Wie viele Personen (in Prozenten) erhielten schlechtere Testwerte als ich?

Leistungen auf dem Prüfstand

Diese zwölf sachdienlichen Fragen schaffen zum einen Transparenz für die bewertete und beurteilte Person: Sie weiß, wie der Testwert einzuordnen ist. Zum anderen nimmt sie die bewertende und beurteilende Person in die Pflicht: Sie muß deklarieren, was die Testwerte bedeuten.

Nr. 8: Der Kompaß-Effekt

Lattmann, C.: Die Leistungsbeurteilung als Führungsmittel. Heidelberg 1994.
Suls, J./Tesch, F.: Students' Preferences for Information about Their Test Performance: A Social Comparison Study. In: Journal of Applied Social Psychology, 8, 1978, 102–105.

Im nachhinein sind wir alle schlauer

Unter Hindsight-Bias- oder Knew-it-all-along-Effekt verstehen wir das Phänomen, daß Personen häufig nach dem Eintreten eines bestimmten Ereignisses ihre Erinnerung an ihre (Vor-)Aussagen und Meinungen über dasselbe Ereignis aus der Zeit *vor* dem Eintreffen so verändern, daß sie dem tatsächlich eingetretenen Ereignis besser entsprechen.

Wie erinnern sich Menschen an ihre Voraussagen?

Handelt es sich bei der Vorhersage um die Schätzung einer Größe wie die Höhe des Eiffelturms (320,8 Meter inklusive Antenne), so fragt man die Schätzer nach Bekanntgabe der tatsächlichen Größe nach ihrer Erinnerung an ihre Vorhersage.
»Hindsight Bias« liegt dann vor, wenn die Erinnerung an die vorherige Aussage (zum Beispiel 318 Meter) von der tatsächlichen vorherigen Aussage (zum Beispiel 308 Meter) in Richtung der korrekten Größe (320,8 Meter) abweicht. Man meint also in seiner Erinnerung, eine »bessere« Vorhersage gemacht zu haben (318 Meter), näher an der Wahrheit gewesen zu sein, als man es in Wirklichkeit war (308 Meter).

Zum Wahrsagen geboren?

Der Eiffelturm-Effekt öffnet Selbstdarstellern ein weites Feld. Natürlich sind wir im nachhinein immer schlauer. Wer von vergangenen Zeiten erzählt, stellt sich oft so dar, als hätte er im Vorfeld eines Ereignisses schon immer das Ergebnis geahnt – er will ja nicht neben den Schuhen stehen. Lieber verklärt man seine Vergangenheit.
Die Höhe des Eiffelturms ist bekannt. Doch im Alltag sehen wir uns zu Schätzungen nicht genau bekannter Größen veranlaßt – der Stimmenanteil in Prozent, den eine Partei bei einer Wahl erhalten wird, das letzte Angebot bei einem Handel, die Markt-

chancen einer Dienstleistung ... Der Alltag fordert uns stets Entscheidungen mit einem offenen Ausgang ab. Im nachhinein sind – zumindest die Selbstdarsteller – stets schlauer, weiser, vorausschauender.

Nr. 9: Der Eiffelturm-Effekt Der Hindsight-Bias-Effekt Der Knew-it-all-along-Effekt

Wendt, D.: Hindsight Bias (»Knew it all along«-Effekt). Zeitschrift für Sozialpsychologie, 1993, 273–279.

Kapitel 2
Menschen sind so subjektiv

Warum Brillenträger sich des Erfolges nicht erwehren können

»Pars pro toto« heißt: »Der Teil steht für das Ganze«. Wir nehmen Menschen wahr. Genauer: Wir nehmen *einen Teil* des Menschen wahr und setzen diesen Teil – meist unbewußt – für den ganzen Menschen. Dieser Vorgang führt zu Wahrnehmungsverzerrungen, die als allgemein anerkannte Stereotype zwar weitverbreitet, jedoch kaum je wirklich zutreffend sind.

»Pars pro toto« – ein Teil steht für das Ganze

Häufig wird von uns verlangt, aufgrund beschränkter Informationen (der Teil) spontane Urteile über Menschen (das Ganze) abzugeben. Dieser beschränkten Information liegen oft vereinzelte und auch bruchstückhafte Beobachtungen über das Ausdrucks-, Bewegungs- und Sprachverhalten, über die äußere Erscheinung sowie die soziale Herkunft zugrunde. Und schon spielt der Pars-pro-toto-Effekt:

Aus Gesichtern mit *Falten in den Augenwinkeln* (der Teil) schließen wir auf humorvolle, freundliche und sorglose Menschen (das Ganze).

Brillenträger (der Teil) werden als gelehrige und fleißige Menschen (das Ganze) wahrgenommen. (»Sie haben ihre Augen durch zuviel Studieren überanstrengt.«)

Menschen mit *hoher Stirn* (der Teil) werden als intelligente und zuverlässige Menschen (das Ganze) eingeschätzt. (»Sie haben mehr Platz für Hirn.«)

Frauen mit überdurchschnittlich *dicken Lippen* (der Teil) werden als sexy (das Ganze) eingestuft; Frauen mit *schmalen Lippen* (der Teil) als spröde (das Ganze).

Der beinamputierte Joe Pine war in den sechziger Jahren ein ausgesprochen bissiger Moderator einer Talk-Show im kalifornischen Fernsehen. Eines Abends trat der langhaarige Rockmusiker

Frank Zappa auf – wohlverstanden zu einer Zeit, in der lange Haare noch etwas Ungewöhnliches und Umstrittenes waren. Sobald sich Frank Zappa gesetzt hatte, ging Joe Pine erwartungsgemäß zum Angriff über: »Sie haben so *lange Haare* … Sind Sie vielleicht eine Frau?« – Zappa schlagfertig: »Sie haben ein *Holzbein* … Sind Sie vielleicht ein Tisch?«

Nr. 10: Der Pars-pro-toto-Effekt

Allport, G. W.: The Nature of Prejudice. Reading, Mass. 1954.

Dicke Männer sind gemütlich

Das Gegenteil von »Pars pro toto« heißt »Totum pro parte«. »Totum pro parte« bedeutet: »Das Ganze steht für den Teil«. Wir nehmen ganze Gruppen wahr und schreiben die Gruppenmerkmale den einzelnen Gruppenmitgliedern zu:

> Dicke Männer sind gemütlich.
> Ältere Frauen sind mütterlich.
> Rechtsanwälte sind wortgewandt.

Mit einem Höchstmaß an Übereinstimmung werden derartige Stereotype über Gruppen, Berufe, Schichten und Völker zum Ausdruck gebracht.

Von der psychologischen Ökonomie der Stereotype

Die psychologische Ökonomie der Stereotype bei der gegenseitigen Beurteilung von Menschen scheint augenfällig: Immer wenn das stereotype Etikett (zum Beispiel: »Dicke Männer sind gemütlich«) abgerufen wird, werden dem einzelnen Angehörigen der Gruppe die allgemeinen Eigenschaften zugeschrieben (»Helmuth Kohl ist gemütlich.«). Dadurch wird das Verhalten des einzelnen Gruppenmitglieds einigermaßen verständlich und voraussagbar.

In diesem Zusammenhang sprechen wir von der »psychologischen Ökonomie der Stereotype«.
Die US-Amerikaner sehen die Deutschen als hart arbeitend, intelligent und fortschrittlich (= das Ganze). Trifft nun ein Amerikaner auf einen einzelnen Deutschen, hält er das deutsche Individuum für hart arbeitend, intelligent und fortschrittlich (= der Teil). Wenn Stereotype grobschlächtig auf ein Individuum angewandt werden, können sie extreme Verwirrung und Verlegenheit stiften, da nur wenige Individuen haargenau auf ein Stereotyp passen.

Nr. 11: Der Totum-pro-parte-Effekt

Allport, G. W.: The Nature of Prejudice. Reading, Mass. 1954.
Hofstätter, P. R.: Wie die Völker einander sehen. Zeitschrift für praktische Psychologie, 1967, 4, 25–39.

Sag mir, wie du heißt, und ich sage dir, wie du beurteilt wirst

Lehrkräfte haben bis aufs i-Pünktchen dieselben Aufsätze von Viert- und Fünftkläßlern vorgelegt bekommen, verbunden mit der Bitte, diese zu beurteilen. Von den Kindern wußten die Lehrkräfte nicht mehr als deren Vornamen.
Die Arbeiten von »Sarah«, »Julia«, »David« und »Michael« rangierten im Durchschnitt um eine ganze Note höher als die von »Hedwig«, »Gertrud«, »Edeltraut« oder »Hubert«. Die eher ungewöhnlichen Vornamen Hedwig, Gertrud, Edeltraut und Hubert haben einen überholten Beiklang. Im Namen liegt ganz offensichtlich eine bedeutungsvolle Wirkkraft.

Nr. 12: Der Nomen-est-omen-Effekt

Harari, H./McDavid, J. W.: Name Stereotypes and Teachers' Expectations. Journal of Educational Psychology, 1973, 65, 222–225.

Der erste Eindruck entscheidet

In den meisten Fällen verhalten wir uns so, als sei der erste Eindruck, den wir auf andere machen, entscheidender als alles, was nachher kommt. Folglich putzen wir uns bei jedem ersten Zusammentreffen mit allen nur erdenklichen Mitteln heraus, um auf den anderen möglichst vorteilhaft zu wirken. Stellen Sie sich vor: Sie stellen jemandem eine Person vor.

Im ersten Fall schildern Sie die Person so:

> »*intelligent* – fleißig – impulsiv – kritisch – widerspenstig – neidisch«

Im zweiten Fall stellen Sie dieselbe Person vor. Dabei kehren Sie einzig die Reihenfolge der im übrigen gleichen Eigenschaftswörter:

> »*neidisch* – widerspenstig – kritisch – impulsiv – fleißig – intelligent«

Der Primacy-Effekt zeigt, daß die ersten Eigenschaften in der Liste einen prägenden Einfluß auf die Eindrucksbildung ausüben. Die zuerst erhaltene Information beeinflußt die Beurteilung unverhältnismäßig stark:
Beginnt die Beschreibung mit »intelligent«, ergibt sich ein weit positiverer Eindruck, als wenn die Beschreibung mit »neidisch« anfängt.
Im ersten Fall wird die Person als fähig beschrieben, im zweiten Fall als wahrscheinlich fehlangepaßte Problemperson. Die erste Eigenschaft bestimmt also die Richtung des Gesamteindrucks. Später genannte Eigenschaften werden im Lichte der vorangehenden Eigenschaften beurteilt. Das Überwiegen des ersten Eindrucks läßt sich als Vorrangeffekt (»Primacy«) kennzeichnen. Kurzum: Der erste Eindruck zählt.

Nr. 13: Der Primacy-Effekt

Asch, S. E.: Forming Impressions of Personality. Journal of Abnormal and Social Psychology, 41, 1946, 258–290.

Der letzte Eindruck zählt

Mit dem gerade dargelegten Primacy-Effekt wäre alles soweit geklärt, wenn es nicht immer wieder Recency-Effekte gäbe. In solchen Fällen setzt sich die neue Information, die zu einem späteren Zeitpunkt in der Reihenfolge gegeben wird, gegen frühere Informationen durch, insbesondere dann, wenn die zweite Information mit einem zeitlichen Abstand auf die erste folgt.
Vorgesetzte laufen Gefahr, in Mitarbeiterbeurteilungen auf kürzlich eingetretene Ereignisse abzustellen. Die zuletzt erbrachten Leistungen bleiben naturgemäß im Gedächtnis am besten haften. Sie zeigen den Stand der erreichten Entwicklung am deutlichsten. Dazu kommt, daß sich der Mitarbeiter unmittelbar vor dem Zeitpunkt der Beurteilung besonders anzustrengen pflegt.

Nr. 14: Der Recency-Effekt

Luchins, A. S.: Primacy-Recency in Impression Formation. In: Hovland, C. I. (Ed.): The Order of Presentation. New Haven, Yale University Press, 1957, 33–61.

Brillanz statt Substanz?

Immer mehr Leute ersetzen Substanz durch Brillanz. Gefragt ist nicht mehr Substanz mit Brillanz. Gefragt ist Brillanz ohne Substanz, denn die Form gilt in unserer schillernden Welt – mehr und mehr – mehr als der Inhalt.

Wahrnehmungsverzerrung

Die Testpsychologie hat nachgewiesen, daß in mündlichen Prüfungen Kandidaten, die schnell sprechen, deutlich besser abschneiden. Spricht ein Kandidat hingegen denselben Inhalt langsam, schließt er die Prüfung deutlich schlechter ab. Warum? Die Experten erliegen der Fehlwahrnehmung, daß die Redegeschwindigkeit (Form) Rückschlüsse auf den Gehalt der Prüfungsantworten (Inhalt) zuließe. Kandidaten, die langsam sprechen, bestrafen sich selbst.

Im Geschwindigkeitsrausch

Ein Forschungsteam aus Deutschland hatte die Abiturprüfung einer Kandidatin in Geographie mit der Videokamera aufgenommen. Die Prüfung dauerte neunzehneinhalb Minuten und wurde mit der Note 3 (= befriedigend) bewertet.
Danach sprach die Gymnasiastin alle Antworten noch zweimal auf Video: einmal zögerlich und langsam – jedoch ohne zu stottern – *in dreiundzwanzig Minuten*, dann noch einmal redegewandt und flüssig *in sechzehn Minuten*.
Einundachtzig Lehrkräfte in Geographie aus fünfundzwanzig Gymnasien beurteilten dann entweder das Video mit der langsamen oder mit der schnellen Fassung. Die Zensuren streuten bei beiden Fassungen von der Note 1 (sehr gut) bis zur Note 5 (mangelhaft). Die schnellere Fassung in sechzehn Minuten bekam jedoch die bessere mittlere Zensur, nämlich eine 2,51 – die in dreiundzwanzig Minuten langsamer gesprochene nur eine bedeutend schlechtere 3,88. Der Unterschied betrug mehr als eine ganze Note!
Welche Schlußfolgerung läßt dieses Forschungsergebnis zu? Es muß angenommen werden, daß hohes Sprechtempo mit hoher Leistungskompetenz und hoher Intelligenz assoziiert wird.

Auf den Redefluß kommt es an

Die erstaunlichen Fehlwahrnehmungen und Fehlleistungen von Lehrkräften sind – machen wir uns nichts vor – getrost auf andere Lebensfelder zu übertragen, zumal ja das ganze Leben als eine große Prüfung bezeichnet werden darf. Tagtäglich werden wir im wirklichen Leben – in der Familie, im Bekanntenkreis, in der Firma, in der Öffentlichkeit – Prüfungen zumeist in Form mündlicher Gespräche unterzogen.

Wer jedoch Prüfungen unterzogen wird, unterliegt Fehlwahrnehmungen und setzt sich Fehlleistungen der Gesprächspartner aus. Sie strafen sich selbst mit einem zögerlichen und langsamen Redefluß. Sie belohnen sich mit einem flüssigen und überzeugenden Redefluß. Allerdings darf ein flüssiger und überzeugender Redefluß nicht mit einem ununterbrochen vor sich hin plaudernden Schnellredner gleichgesetzt werden. Und nun die Gretchenfrage: Wirkt Ihr Redefluß auf Ihre Gesprächspartner flüssig und überzeugend? Falls ja, weiter so! Falls nein, Redegeschwindigkeit erhöhen!

Nr. 15: Der Subito-Effekt

Pritz, V.: Einfluß von Sprechflüssigkeit und Vorinformation auf die Leistungsbeurteilung in der mündlichen Reifeprüfung. In: Ingenkamp, K.: Wert und Wirkung von Beurteilungsverfahren, 1981, 39–96.

Heiligenschein oder Teufelshörner?

Immer wieder unterlaufen uns Beurteilungsfehler aufgrund von Wahrnehmungsverzerrungen, die entweder aus einer Über- oder einer Unterbetonung einzelner Merkmale oder einzelner Verhaltensweisen hervorgehen.
Der häufigste Beurteilungsfehler entspringt dem sogenannten Halo-Effekt. Dieser besteht nach E. L. Thorndike in einer »Überstrahlung« (»Halo«). Der Halo-Effekt führt entweder zu einer Aufwertung (Heiligenschein-Effekt) oder zu einer Abwertung (Teufelshörner-Effekt).

Schaubild 5: Heiligenschein oder Teufelshörner?

Der Halo-Effekt	
Der Heiligenschein-Effekt überstrahlt positiv.	*Der Teufelshörner-Effekt überstrahlt negativ.*

1. Menschen mit einem Heiligenschein

Der Heiligenschein-Effekt führt zu einer Aufwertung von Menschen: Wir beurteilen ein ganz bestimmtes Merkmal oder eine ganz bestimmte Verhaltensweise positiv. Die Überstrahlung bewirkt, daß alle anderen Merkmale oder alle anderen Verhaltensweisen positiv beurteilt werden.

Nachrichtenfrau

Empfinde ich eine Nachrichtensprecherin, die ich erstmals im Fernsehen sehe, als sympathisch (ein ganz bestimmtes Merkmal), beginnt der Heiligenschein-Effekt die Nachrichtensprecherin positiv zu überstrahlen. Ich finde sie nicht nur sympathisch, sondern auch aktiv, engagiert, intelligent, kompetent, kollegial …
Doch Hand aufs Herz: Was kann die Nachrichtensprecherin wirklich? Ich kann wahrnehmen, daß sie einigermaßen fehlerfrei Texte sprechen kann. Im Grunde nicht mehr und nicht weniger. Die oft unbewußte Wahrnehmungsverzerrung verleiht der Nachrichtenfrau einen Heiligenschein mit lauter positiven Merkmalen. Dabei kann sich die arme Nachrichtensprecherin gegen diese Aufwertung nicht einmal zur Wehr setzen.

Schnelle Flitzer

Betrachten Männer eine Werbung für ein Auto, auf dem eine verführerische Frau (ein ganz bestimmtes Merkmal) abgebildet ist, schätzen sie das Auto als schneller, ansprechender, teurer und schöner ein, als wenn sie dieselbe Werbung ohne das Model sehen.
Übrigens: Wie sich bei einer anschließenden Befragung herausstellte, wollten die Männer nicht glauben, daß die Abbildung der jungen Frau sie in ihrem Urteil über das Auto beeinflußt und eine Fehlwahrnehmung im Sinne des Heiligenschein-Effekts hervorgerufen hat …

Nr. 16: Der Heiligenschein-Effekt

2. Menschen mit Teufelshörnern

Der Teufelshörner-Effekt führt zu einer Abwertung der Person. Wir beurteilen ein ganz bestimmtes Merkmal oder eine ganz bestimmte Verhaltensweise negativ. Die Überstrahlung bewirkt, daß auch alle anderen Merkmale oder alle anderen Verhaltensweisen negativ beurteilt werden.
Hat eine Person schon nachteilige Eigenschaften gezeigt, werden ihr noch nachteiligere Merkmale zugeschrieben.

Boxer

Boxer schlagen hart zu (ein ganz bestimmtes Merkmal). Überstrahlung: Diese Gewalt im Ring zeigt sich auch im Geschäftsgebaren. Boxer lösen alle Lebensfragen mit der Faust. Boxer sprechen gar mit den Fäusten. Boxer sind feindselig, dumm, blutrünstig, streitsüchtig …

McKinsey

Die Analytiker von McKinsey messen jedes Unternehmen an Zahl und Ziffer (ein ganz bestimmtes Merkmal). Überstrahlung: Sie streichen, kürzen, entlassen. McKinseyianer sind blutleer, schnöde, kaltblütig, herzlos. So gesehen darf das Honorar der McKinsey-Cracks als Abfindung für eine nicht eben schmeichelhafte Beurteilung bezeichnet werden.

Nr. 17: Der Teufelshörner-Effekt

3. Auffällige Merkmale und Verhaltensweisen

Der Halo-Effekt in Form des Heiligenschein- oder Teufelshörner-Effekts erfaßt insbesondere auffällige Merkmale und Verhaltensweisen, die

– schwer zu beobachten sind,

- dem Beurteiler nicht bekannt sind und von ihm nicht erfaßt werden können,
- unklar umschrieben sind,
- eine hohe moralische Bedeutung haben, da sie mit charakterlichen Eigenschaften in Verbindung gebracht werden.

Nr. 18: Der Halo-Effekt

Allport, G. W.: The Nature of Prejudice. Reading, Mass. 1954.

Forgas, J.: Soziale Interaktion und Kommunikation. Weinheim 1995

Smith, G./Engel, R.: Influence of a Female Model on Perceived Characteristics of an Automobile. Proceedings of the 6th Annual Convention of the American Psychological Association, 1968, 3, 681–682.

Symonds, P. M.: Notes on Rating. Journal of Applied Psychology, 9, 1925, 188–195.

Thorndike, E. L.: A Constant Error in Psychological Ratings. Journal of Applied Psychology, 4, 1920, 25–29.

Kapitel 3
Menschen sind so kompetent

Kein Fall für zwei!

Gefahren begegnen wir am besten, indem wir sie frühzeitig erkennen. Normalerweise, so könnten wir annehmen, dürften Unachtsamkeit und Fehleinschätzungen seltener vorkommen, wenn ein Mensch nicht auf sich allein gestellt ist, sondern sich mit einer Kollegin oder einem Kollegen beraten kann.

Hierarchische Zweierkiste

Vier Augen sehen mehr als nur zwei! Diese Weisheit mag ein Körnchen Wahrheit in sich tragen. Leider trifft sie nicht auf hierarchische Zwei-Personen-Beziehungen zu. Das Statusgefälle verhindert häufig einen gleichberechtigten Austausch von Informationen und Meinungen. Nicht nur bei Schiffsunfällen war in den meisten Fällen ein Zweier-Team verantwortlich, auch bei Flugzeugunfällen ist belegt: Zu Unfällen kommt es meist, weil der Flugkapitän den Kopiloten mit Anweisungen überfrachtet, aber dessen Ratschläge unbeachtet läßt.

Nr. 19: Der Kopiloten-Effekt

Helfrich, H.: Kopiloten. Universität Regensburg, Zeitschrift für Psychologie, 1, 1996.

Wenn die Gruppe denkt, sie denkt, dann denkt sie nur, sie denkt ...

»Groupthink« bezeichnet das dem kritischen Einzelverstand entgegengesetzte Gruppengeist-Denken: Nicht der Einzelverstand denkt mit, sondern der Gruppengeist geht um, herrscht und lähmt die einzelnen Gruppenmitglieder. Gruppengeist-Denken kann leicht in unvernünftige Entscheidungsabläufe mit verheerenden Auswirkungen münden.

In der Schweinebucht

Als gut belegtes Beispiel dient die Kubakrise 1961. Ursprünglich war es Richard Nixons Plan gewesen, geheim Exilkubaner auszubilden und in Kuba einmarschieren zu lassen, um die Regierung Castro zu stürzen. Ironischerweise war es sein politischer Gegner John F. Kennedy, der diesen Plan auf Anraten wichtiger CIA-Leute übernahm. Etwa tausendvierhundert Exilkubaner landeten schließlich am 17. April 1961 mit Unterstützung amerikanischer Truppen in der kubanischen Schweinebucht. Keines der vier Nachschubschiffe aus den USA konnte Kubas Küste anlaufen. Zwei wurden von den Kubanern versenkt, die zwei anderen flohen. Die Soldaten waren schnell von zwanzigtausend kubanischen Soldaten umstellt und gefangengenommen. Die ganze Aktion war kläglich gescheitert.
Hatten Kennedy und seine Mitarbeiter gehofft, es würde der Weltöffentlichkeit unbekannt bleiben, daß die amerikanische Regierung hinter dieser Aktion stand, so ließ sich nun nicht mehr verheimlichen, wer der Urheber des Fiaskos war. Es zeigte sich, daß Kennedys Berater gleich mehrere ungeprüfte Annahmen gemacht hatten, obwohl es sich um erfahrene, angesehene und gut informierte Personen, wie zum Beispiel Robert McNamara und Arthur Schlesinger, handelte.

Stillschweigend dem Gruppenführer vertrauen

Kennedy und seine Mitarbeiter bedauerten ihr Verhalten und konnten sich schon kurze Zeit später nicht mehr so recht erklären, wie sie den unsinnigen Entschluß zur Invasion in der Schweinebucht gefaßt hatten. Der Schweinebucht-Effekt deckt das gefährliche Gruppendenken auf: Die noch so erfahrenen, angesehenen und gut informierten Gruppenmitglieder dachten während der Entscheidungsfindung nicht mit ihrem Einzelverstand – der Gruppengeist ließ die gestandenen Männer in einer eigentümlichen Stimmung stillschweigend angenommener Übereinstimmung versagen. Alle Gruppenmitglieder waren in dieser »strong culture« im Denken gelähmt-gleichgeschaltet. Denn jedes Gruppenmitglied vertraute dem Gruppenführer Kennedy. Kennedy wiederum verließ sich auf den Geheimdienst und die Ratschläge der Militärs.

Gefahr des Gruppengeists bannen

Wie nur können wir den Gefahren des Schweinebucht-Effekts begegnen, um das freie Denken und verantwortungsvolle Handeln der einzelnen Gruppenmitglieder zu fördern?

1. Ermunterung zur Kritik durch den Führer
2. Zurückhaltung des Führers
3. Parallel arbeitende Gruppen
4. Besprechungen der Mitglieder mit externen Fachleuten
5. Bei schwebenden Entscheidungen Hinzuziehung von Experten
6. In jeder Sitzung sollte ein Gruppenmitglied die Kritikerrolle spielen
7. Vor wichtigen Entscheidungen Zeit lassen
8. Aufteilung in Untergruppen
9. Nach Vorentscheidung nochmalige Untersuchung der nicht gewählten Alternative

Nr. 20: Der Groupthink-Effekt
Der Schweinebucht-Effekt
Der Strong-culture-Effekt

Janis, I. L.: Victims of Groupthink. Boston 1972.

Wenn die oben nicht hören, was die unten sagen ...

Am 28. Januar 1986 ereignete sich vor laufenden Fernsehkameras aus aller Welt das größte Desaster der US-amerikanischen Raumfahrt. Der fünfundzwanzigste Flug eines bemannten Raumgleiters (Space-shuttle) endete kurz nach dem Abheben von der Startrampe in einer gigantischen Explosion. Die Raumfähre Challenger explodierte dreiundsiebzig Sekunden nach dem Abheben vom Raumfahrtzentrum »Kennedy Space Center« in Florida. Alle sieben Astronauten kamen ums Leben.

Um die Hintergründe dieser Tragödie aufzuklären, beauftragte Präsident Ronald Reagan schon sechs Tage nach der Katastrophe eine Kommission mit der detaillierten Untersuchung des Unglückshergangs. Die Kommission, nach ihrem Vorsitzenden kurz »Rogers-Kommission« genannt, legte nach hundertzwanzig Arbeitstagen einen Abschlußbericht vor, der die Erkenntnisse aus rund hundertsiebzigtausend Seiten dokumentierter Materialien zusammenfaßte.

Explosion nach 73,628 Sekunden

Der Unglücksablauf konnte praktisch auf Tausendstelsekunden genau rekonstruiert werden. Fotoserien und die Auswertung der Daten aus dem Shuttle Challenger zeigen, daß der Flug schon unmittelbar nach dem Zünden der Feststoffraketen praktisch zum Scheitern verurteilt war: Schwarzer Rauch trat aus der Verbindung der beiden unteren Treibstoffbehälter der rechten Hilfsrakete (»Booster«) aus. Die beiden ringförmigen Gummidichtungen (O-Ringe) zwischen den Treibstoffbehältern waren etwas aus ihrer Position gerutscht, was genügte, um die mehr als dreitausend Grad Celsius heißen Abgase des Boosters in das Raketeninnere eindringen zu lassen. Der zweite Dichtring hielt noch neunundfünfzig Sekunden, bis sich die Gase auch hier durchfraßen. Die schneidbrennerheißen Flammen zerstörten die Halteverbindung zwischen dem Booster und dem riesigen Außentank des Shuttles. Nach zweiundsiebzig Sekunden pendelte der haltlos gewordene Booster kurz hin und her und durchbrach mit der oberen Halteverbindung den Außentank. Aus diesem Leck entströmten Sauerstoff und Wasserstoff, entzündeten sich und explodierten genau 73,628 Sekunden nach dem Start.

Unglücksursache: Ungewöhnliche Kälte versprödet Gummiringe

Direkte Ursache für das Versagen der Dichtungen war die ungewöhnliche Kälte während der Startvorbereitungen. Die Lufttemperaturen sanken in der Nacht vor dem Start bis unter den

Gefrierpunkt ab und betrugen morgens um sieben Uhr genau vierundzwanzig Grad Fahrenheit (minus viereinhalb Grad Celsius). Die mit extrem kaltem Flüssiggas gefüllten Außentanks sorgten zusätzlich dafür, daß auf der Außenhaut der Unglücksrakete schließlich nur noch zehn Grad Fahrenheit (minus zwölf Grad Celsius) gemessen wurden. Bei diesen niedrigen Temperaturen kam es zu einer Versprödung der aus Gummi hergestellten Dichtungsringe, so daß diese dem gewaltigen Druck während der Startphase nicht mehr standhalten konnten. So gesehen führte letztlich der Defekt einer der rund achttausend technischen Komponenten der Challenger zur Katastrophe.

Roger Boisjoly – der einsame Rufer in der Wüste

Die spröden O-Ringe waren keine unbekannte technische Schicksalsvariable, die völlig überraschend gerade am 28. Januar 1986 verheerende Wirkungen auslöste – sie waren vielmehr ein längst bekanntes Problem, von dem jeder relevante Entscheidungsträger hätte wissen können und müssen. Die Rogers-Kommission konnte deutlich nachweisen, daß die tiefer liegenden Gründe für die Challenger-Katastrophe in einem weitreichenden Führungsversagen zu suchen waren.
In den Tagen vor dem geplanten Abschuß besprachen die Ingenieure und Manager der NASA und der Zulieferfirma Thiokol mögliche Gefährdungen für die bevorstehende Shuttle-Mission. Im Brennpunkt ihrer Überlegungen standen die Temperaturvorhersagen für den geplanten Startzeitpunkt. Die Nacht vor dem Start sollte Temperaturen von nur achtzehn Grad Fahrenheit (minus acht Grad Celsius) mit sich bringen. Dies war insofern als kritisch zu bewerten, als die niedrigste Außentemperatur, bei der ein Abschuß im Januar 1985 gerade noch einmal gut gegangen war, immerhin dreiundfünfzig Grad Fahrenheit (plus zwölf Grad Celsius) betragen hatte. Roger M. Boisjoly – ein Ingenieur von Thiokol – warnte von seiner neunten (!) Führungsebene aus bereits seit Jahren seine Vorgesetzen. Ungehört und unerhört – das Management hörte nicht auf den einsamen Warner in der Wüste.

Starten oder nicht starten?

Roger M. Boisjoly, ein Experte für Gummidichtungsringe, hatte sich gründlich auf die Telefonkonferenz mit insgesamt zweiunddreißig Beteiligten am 27. Januar 1986 – fünfzehn Stunden vor dem Start der Challenger – vorbereitet. In dieser Besprechung zwischen der NASA und Thiokol sollte über die Startfreigabe für den Shuttle entschieden werden. Ein »Vice President« (entspricht im Deutschen einem Haupabteilungsleiter) der Thiokol, Joe C. Kilminster, erteilte seinem Ingenieur Roger M. Boisjoly das Wort zur Erläuterung ihrer Bedenken. Boisjoly legte daraufhin detailliert dar, inwiefern die niedrigen Temperaturen eine Gefahr für die Tauglichkeit der Dichtungen im Booster (O-Ringe) seien. Im Kern ging es um die Folgewirkungen aus der bei Kälte drohenden Versteifung und Versprödung des Kautschuks – also exakt um die später rekonstruierte Unglücksursache.

Der für die Booster zuständige Manager der NASA, Lawrence B. Mulloy, überging Roger M. Boisjoly und fragte direkt Kilminster: Starten oder nicht starten? Kilminster deckte seinen Ingenieur vorbehaltlos und meinte, er könne keinen Abschuß empfehlen, solange die Lufttemperaturen unterhalb der bisherigen Erfahrungsgrenze, also unter dreiundfünfzig Grad Fahrenheit (plus zwölf Grad Celsius), lägen.

NASA-Manager Mulloy war entsetzt und insistierte, daß es keine verbindlichen Standards über kritische Abschußtemperaturen für Boosters gäbe. Erzürnt rief er: »The eve of a launch is a hell of a time to be inventing new criteria.« (»Der Vorabend eines Raketenstarts ist ein verdammt schlechter Zeitpunkt, um neue Kriterien zu erfinden.«) Und setzte noch eins drauf: »My God, Thiokol, when do you want me to launch, next April?« (»Mein Gott, Thiokol, wollen Sie uns erst im nächsten April starten lassen?«)

Welchen Hut setzen Sie sich auf?

Auf Bitten von Kilminster wurde daraufhin die Telefonkonferenz für etwa dreißig Minuten unterbrochen, um eine nochmalige interne Beratung bei Thiokol zu ermöglichen. Der geschäftsführende Direktor von Thiokol, Calvin G. Wiggins, beschwor seinen Mitarbeiterstab: »Wir müssen jetzt eine Management-Entscheidung treffen.« Abermals versuchte Boisjoly, seine Bedenken vorzutragen. Nach wenigen Minuten merkte er, daß ihm niemand richtig zuhörte. Bis zu diesem Zeitpunkt hatte Thiokol noch keine Abschußempfehlung gegeben. Eine Wende ergab sich erst, als Gerald E. Mason, »Senior Vice President« (führender Hauptabteilungsleiter) bei Thiokol, sich barsch in die abschließenden Überlegungen von Kilminster einmischte: »Bin ich der einzige, der fliegen will?« Mason bedrängte seine Manager Lund, Wiggins und Kilminster mit der bemerkenswerten Aufforderung: »Nehmen Sie Ihren Ingenieurshut ab, und setzen Sie Ihren Managerhut auf.« Prompt kamen Mason und seine Mannen einmütig zu dem Ergebnis, den Abschuß der Challenger empfehlen zu können. Sie gelangten zu der Auffassung, daß die Sicherheit der Dichtungsringe gegeben sei …

Startfreigabe

Mit der Wiederaufnahme der Telefonkonferenz erklärte Kilminster den NASA-Managern, daß Thiokol zu einer anderen Einschätzung der Lage gekommen sei. Die geltenden Grundsätze des Risikomanagements, die sich im Rahmen der vorangegangenen Shuttle-Mission schon bewährt hätten, würden auch bei Challenger für einen Start sprechen. Zwölf Stunden und neununddreißig Minuten vor der Katastrophe hielt Thiokol den Start nunmehr für vertretbar, »recommended launching«. Die NASA verlangte noch eine schriftliche Bestätigung. Und die Konferenz war beendet.
Eine halbe Stunde später teilten die NASA-Manager Mulloy und Reinartz dem zuständigen Programmdirektor für das Shuttle-System, Arnold D. Aldrich, mit, daß Thiokol dem Start zugestimmt habe. Sie erwähnten dabei noch kurz zwei Einwände des Thiokol-Mannes Allan J. McDonald, der auf eine Eisschicht auf der Abschußkonsole und auf witterungsbedingte Probleme für die bereitliegenden Bergungsschiffe hingewiesen hatte. Da McDonald nicht der zuständige Experte für diese Angelegenheiten war, schenkte man den Einwänden allerdings keine weitere Beachtung. Über das Problem mit den O-Ringen wurde mit Aldrich überhaupt nicht mehr gesprochen.

Countdown

Bei den nachfolgenden Startvorbereitungen wurde dem Problem der niedrigen Außentemperaturen keine weitere außergewöhnliche Bedeutung mehr beigemessen. Zweieinhalb Stunden vor dem Start – die Besatzung war schon in ihren Sitzen festgeschnallt – beschloß das Management der NASA, den Start wie geplant durchzuführen. Niemand dachte mehr an die kälteempfindlichen Dichtungsringe. Ein Meßtrupp stellte acht Grad Fahrenheit (minus dreizehn Grad Celsius) in der Nähe des später defekten Booster-Segments fest, ohne dies extra zu vermerken – das Minimumkriterium von dreiundfünfzig Grad Fahrenheit (plus zwölf Grad Celsius) war ja aufgehoben worden.
Die Raketen der Challenger wurden schließlich wie geplant um elf Uhr achtunddreißig gezündet. Die Außentemperatur betrug sechsunddreißig Grad Fahrenheit (plus drei Grad Celsius). Roger Boisjoly beobachtete den Start und glaubte nach den ersten scheinbar reibungslos verlaufenen sechzig Sekunden der Mission schon, daß seine Befürchtungen glücklicherweise grundlos gewesen seien. Die wie üblich bei einem erfolgreichen Abschuß aufkommende Euphorie im Kontrollzentrum Houston wurde jedoch dreizehn Sekunden später jäh unterbrochen. Nach einem kurzen Aufstöhnen von Pilot Mike Smith endete abrupt die Datenübertragung, auf der Funkfrequenz war plötzlich nur noch ein Rascheln zu hören, die Monitore hielten die letzten Daten eingefroren fest, und auf den Fernsehbildschirmen breitete sich rasch eine milchig-weiße Wolke aus.

Die Moral der Geschichte

Im nachhinein läßt sich belegen, daß dieses tragische Ende der Challenger-Mission hätte vermieden werden können, wenn den Bedenken des warnenden Sicherheitsingenieurs Boisjoly die richtige Bedeutung zugemessen worden wäre. Ohne unangemessene Besserwisserei oder Wiedergutmachungsforderungen aufkommen lassen zu wollen, sollte man meinen, daß Roger M. Boisjoly wegen seiner gezeigten Weitsichtigkeit in besonderer Weise ausgezeichnet, rehabilitiert oder in die weiteren Forschungen zum

O-Ring-Problem eingebunden hätte werden sollen. Genau dies war aber nicht der Fall, wie man in einem bemerkenswerten Epilog zur Challenger-Katastrophe konstatieren kann. Nachdem Boisjoly – öffentlich – vor der Rogers-Kommission seine Bedenken gegen einen Start rekonstruiert hatte, wurde er von seinem Arbeitgeber Morton Thiokol nicht mehr als loyaler Mitarbeiter erachtet und fortan beruflichen Repressalien ausgesetzt. Zunächst wurde er innerhalb des Unternehmens auf eine andere Position versetzt. Schließlich konnte er dem wachsenden Druck aus seinem Umfeld nicht mehr standhalten: Boisjoly verließ Thiokol nach sechs Monaten aus Krankheitsgründen.
Die Challenger-Katastrophe wurde zum Anlaß genommen, das gesamte Programm der bemannten US-Raumfahrt für mehr als drei Jahre zu unterbrechen, bis notwendige technische Verbesserungen realisiert waren. Da die Shuttle-Mission ohnehin bereits um Jahre dem geplanten Programm hinterherhinkte, wurde schon über eine ernsthafte Gefährdung der globalen Vormachtstellung der NASA im Raumfahrtwettbewerb diskutiert. Die Konkurrenz konnte technologisch verlorenen Boden gutmachen und sich eigenständig profilieren. Mehr noch als wegen entgangener Geschäfte löste die Entwicklung in den USA wegen der angeschlagenen Selbstsicherheit Bestürzung aus. Präsident Ronald Reagan hatte ja gerade mühsam den Glauben an die Überlegenheit des »amerikanischen Traums« wiederaufgebaut.
Ausgerechnet in dieser Situation hatte nun das zentrale nationale Symbol für unbegrenzten technischen Fortschritt für jedermann sichtbar Schiffbruch erlitten.

Der psychologische Point of no Return

Die Raumfähre Challenger explodierte dreiundsiebzig Sekunden nach dem Abheben vom Raumfahrtzentrum in Florida. Alle sieben Teammitglieder kamen um. Welche zwei Effekte führten zu der Katastrophe?

1. Ronald Reagan verklärte die Raumfahrt zum nationalen Symbol weltweiter Wettbewerbsfähigkeit. Insofern war die Challenger-Mission zum Erfolg verdammt. Zwar wurden zwölf

Stunden vor dem Start noch Sicherheitsfragen erörtert. Thiokol als Zulieferer der NASA warnte. Doch die Spielregeln waren Thiokol klar: Warnen wir weiter, wechselt uns die NASA aus. Die Challenger-Mission war zum Erfolg beziehungsweise zum Abschuß verdammt.

Nr. 21: Der Zum-Erfolg-verdammt-Effekt

2. Roger M. Boisjoly, ein Ingenieur und Experte der Zulieferfirma Thiokol für Gummidichtungsringe, warnte von seiner neunten (!) Führungsebene aus bereits seit Jahren seine Vorgesetzen. In der NASA-Hierarchie mit den vertikalen Autoritäts- und Kommunikationsstrukturen blieb der kleine Ingenieur ungehört und unerhört – das Management hörte den einsamen Warner in der Wüste nicht.

Nr. 22: Der Hierarchie-Effekt

Esser, J. K./Lindoerfer, J. S.: Groupthink and the Space Shuttle Challenger Accident. Journal of Behavioral Decision Making, 1989, 2, 167–177.
Löhr, A.: Unternehmensethik und Betriebswirtschaftslehre. Stuttgart 1991.
Staffelbach, B.: Management-Ethik. Stuttgart 1994.

Trefferquote siebzig Prozent

Manager entscheiden, entscheiden, entscheiden. Der schwedische Manager Percy Barnevik liebt kein Wischiwaschi. Er legt seine Trefferquote klipp und klar auf den Tisch: »Wenn ich *zehn* Entscheidungen schnell fällen muß, sind *drei* falsch. Aber auf die *sieben* richtigen kann ich nicht verzichten.«

Nr. 23: Der Volltreffer-Effekt

Schaller, B.: Die Macht der Sprache. München 1998.

Kapitel 4
Menschen sind so emotional

Das Auge spricht eine deutliche Sprache

Unsere Pupillen verändern ihre Größe nicht nur mit der Lichthelligkeit, sondern auch mit dem Grad unserer Erregung. Wir nehmen bewußt oder unbewußt das sprechende Auge unseres Gesprächpartners wahr. Wir beobachten selbst kleinste und feinste Veränderungen des Auges. Und wir beurteilen diese Veränderungen als Anzeichen einer positiven oder negativen Einstellung. Männer und Frauen verändern die Pupillengröße beim Anblick von Bildern allerdings sehr unterschiedlich.

Schaubild 6: Macht auf eure Augen. Zeigt her eure Pupillen.

Art des Bildes	Veränderung der Pupillengröße in Prozent bei	
	Männern	Frauen
Baby	+ 0,2%	+ 17,0%
Mutter mit Baby	+ 5,5%	+ 24,5%
Nackter Mann	+ 7,0%	+ 20,0%
Nackte Frau	+ 18,0%	+ 5,0%
Landschaft	– 7,0%	+ 1,6%

Beim Anblick von Steak mit Kartoffeln öffnet sich der Pupillendurchmesser bei hungrigen Personen um vier Millimeter, derweil gesättigte Personen die Pupillen einen Millimeter enger machen. Steak mit Kartoffeln! Sollten Sie jetzt die Pupillen enger machen, dann lesen Sie ruhig weiter. Sollten Sie jedoch jetzt die Pupillen sehr weit öffnen, legen Sie das Buch getrost für eine Weile weg. Zwischenzeitlich wünsche ich Ihnen von Herzen »en guete Appetit«.

Nr. 24: Der Appetit-Effekt

Hess, E. H./Polton, J. M.: Pupil Size as Related to Interest Value of Visual Stimuli. Science, 1960, 349–350.

Hess, E. H.: The Tell-tale Eye. New York 1975.

Schauen Sie durch das »Johari«-Fenster?

Soziale Kompetenz geht mit einem Blick durch das sogenannte »Johari«-Fenster einher. Jeder Blick durch das vierteilige »Johari«-Fenster erlaubt uns nicht nur eine umfassendere Wahrnehmung eigener und fremder Gefühle, sondern letztlich auch eine erweiterte Steuerung eigener und fremder Verhaltensweisen.

Schaubild 7: Das vierteilige »Johari«-Fenster

Gefühle und Verhalten	Dem Individuum bekannt	Dem Individuum nicht bekannt
Den anderen bekannt	Fenster 1: **Arena**	Fenster 2: **blinder Fleck**
Den anderen nicht bekannt	Fenster 3: **Maske**	Fenster 4: **Unbewußtes**

Fenster 1 (»Arena«) bezeichnet den Bereich der freien Aktivität, in dem eigenes Verhalten und Erleben dem Individuum und auch den anderen bekannt sind. Beide legen die Karten auf den Tisch. Beide kennen sich in- und auswendig. Sie wissen von vornherein, wie sich der Partner mit seinen Vorlieben und Abneigungen, Stärken und Schwächen verhält.

Nr. 25: Der Arena-Effekt

Fenster 2 (»blinder Fleck«) führt zu einer Einschränkung des Verhaltens: Dem Individuum ist etwas nicht bekannt, was anderen bekannt ist. Der soziale Kontakt ist eingeschränkt durch den Umstand, daß die Wirkung des Individuums auf andere zwar den anderen bekannt ist, nicht aber der Person selbst. Angesichts eines blinden Flecks ist die Person nicht in der Lage, ihr eigenes Verhalten nötigenfalls zu ändern. Beispielsweise kommt es vor, daß das depressive Verhalten einer Arbeitskollegin andere abstößt: Zur depressiven Kollegin setzt sich am Mittagstisch in der Kantine nur jemand hin, wenn alle anderen Sitzplätze bereits besetzt sind. Solange die anderen nicht ausdrücken, wodurch das Meidungsverhalten hergestellt wird, ist die Ablehnung für die Arbeitskollegin unüberbrückbar, da sie nicht weiß, welchen Anteil sie selbst an der Ausgrenzung hat. Erst eine Rückmeldung (Feedback) ermöglicht ihr eine Änderung ihres Verhaltens. Fehlt diese Rückmeldung, kann es zu einer sich selbst aufschaukelnden Rückkoppelung kommen: Die Kollegin verhält sich depressiv, spürt Ausgrenzung und Ablehnung, wird noch depressiver, verstärkt dadurch die Ausgrenzung und Ablehnung durch die anderen und fällt so in eine immer tiefere Depression.

Nr. 26: Der Blinde-Fleck-Effekt

Fenster 3 (»Maske«) führt zu einer Einschränkung des Verhaltens: Ein eher schüchterner Mann fühlt sich eingeengt, wenn er bei öffentlichen Auftritten starkes Lampenfieber spürt, das er aber den anderen nicht eingestehen mag. Seine Angst, daß sein Lampenfieber erkannt wird, würde verschwinden, wenn er eben dieses den anderen offen eingestünde. Seine aufgesetzte Maske, das Lampenfieber zu verbergen und sich betont locker zu geben, führt darüber hinaus zu einer Aufschaukelung: Die Unsicherheit, die er zu verbergen sucht, und die Angst, daß dies mißlingen könnte, steigern seine Unsicherheit, die zu verbergen nun immer schwieriger wird. Um diesen Teufelskreis zu durchbrechen, bedarf es der Demaskierung, also des Versuchs, die eigenen Gefühle nicht mehr hinter einer Maske zu verbergen, sondern offen dazu zu stehen.

Nr. 27: Der Masken-Effekt

Fenster 4 (»Unbewußtes«) bezeichnet den Bereich des beidseitig unbewußten Denkens, Fühlens, Handelns. Dieser Bereich umfaßt die Potentiale im Bereich der Fähigkeiten und Fertigkeiten, die geheimnisvoll schlummern, solange sie nicht von beiden Seiten entdeckt und erschlossen werden. Zuerst mußte Kolumbus Amerika entdecken, bevor die Potentiale beider Kontinente ausgeschöpft werden konnten.

Nr. 28: Der Kolumbus-Effekt

Luft, J.: Einführung in die Gruppendynamik. Stuttgart 1971.
Sprenger, R. K.: Das Prinzip Selbstverantwortung. Frankfurt 1995.

Die geheime Wirkkraft

Menschen versetzen mit dem Glauben ... Berge. So wenigstens will es das Sprichwort. Hilft der Glaube nicht, helfen Placebos und Nocebos nach!
Placebos wirken wie eine »self fulfilling prophecy«, eine sich selbst erfüllende Prophezeiung, positiv: Placebos lindern Schmerzen, ermöglichen Träume, schaffen Erfolge. Nocebos hingegen wirken analog wie eine »self destroying prophecy«, eine sich selbst erfüllende negative Prophezeiung: Nocebos bewirken Grippewellen, Herzerkrankungen oder Geschäftsverluste.

Placebos

Leiden zum Beispiel Kinder im Schullandheim an Heimweh, wirkt eine winzig kleine weiße Pille meist Wunder. Bei der »Heimwehpille« handelt es sich um eine medizinisch völlig neutrale Substanz, ein Placebo. Der Lagerleiter sagt dem Kind: »Das ist eine Heimwehpille. Diese lindert dein Heimweh.« Die Placebo-Pille wirkt rein psychisch. Das Kind glaubt an die Wirkkraft der Pille. Und schon schwindet das Heimweh.

Nr. 29: Der Placebo-Effekt

Nocebos

Nocebos machen aufgrund negativer Erwartungen und Vorstellungen »richtig« krank. Angststörungen, Hoffnungslosigkeit, Weltuntergangsstimmung und Todesfurcht lassen tatsächlich körperbezogene Krankheiten auftreten. Menschen, die sich selbst für gefährdet halten, erleiden fast viermal so häufig einen Infarkt. Wie die »Framington-Studie« – eine über zwei Jahrzehnte laufende Langzeituntersuchung – zeigt, stellt der bloße Glauben, man sei für Herzerkrankungen disponiert, bereits einen Risikofaktor dar – im Grunde genauso gefährlich wie die »klassischen« Faktoren Rauchen, hoher Blutdruck oder Übergewicht.

Eine Grippe rollt an

Nocebos verursachen Massenhysterie. Dabei handelt es sich um »Erkrankungen«, bei denen eine schnell wachsende Zahl von Menschen gleichsam bei anderen »abschaut«, welchen gesundheitlichen Gefahren sie vermeintlich unterworfen sind. Negative Vorstellungen werden aufgebaut – und schließlich tritt die Krankheit ein. In der Arbeitswelt sind solche massenhysterischen Ansteckungen durch Beobachtung als »Fließband-Hysterien« bekannt geworden. Eine Untersuchung über die sogenannte »Juni-Grippe« in einer Fabrik in Montana zeigte, daß die verbreiteten Symptome wie Ohnmacht, Schmerzzustände oder Übelkeit nicht von physischen Ursachen hervorgerufen worden sein konnten – obwohl die meisten Betroffenen dafür »Insekten« oder »Viren« verantwortlich machten. »Es geht etwas herum«, jammert dann der Volksmund. Die veröffentlichte Meinung gibt dem Erreger einen Namen (»Juni-Virus«, »China-Grippe«) – und schon spielt der Nocebo-Effekt. Prompt verbreitet sich die Störung nach bestimmten massenhysterischen und massensomatisierenden »Netzwerkmustern«. Vermutlich sind zehn Prozent der Grippewellen durch Nocebos ausgelöst.

Nr. 30: Der Nocebo-Effekt

Hahn, R. A.: Nocebo. Der Glaube, der krank macht. American Health Foundation. Psychologie heute, 1996, 4, 64–68.

Mit den Musen schmusen

Besonders kulturhungrige Museumsbesucher, die sich grenzenlos dem Kulturtrubel aussetzen, befällt zuweilen der Stendhal-Effekt. Tatsächlich beschrieb der französische Schriftsteller Stendhal schon im neunzehnten Jahrhundert die plötzliche Schwäche, die ihn beim Besuch der Fresken von Michelangelo und Galileo in Florenz befiel: »Ich bekam heftiges Herzklopfen und hatte große Angst, zu Boden zu fallen ...«

Des Guten zuviel – auch für den Kunstliebhaber

In Florenz fühlen sich besonders eifrige Kulturtouristen von den ästhetischen Reizen überwältigt. Der Kunsttrubel endet nicht selten mit einem emotionalen Breakdown. Nach ausgedehnten Streifzügen durch die Musentempel igeln sich manche tagelang in ihren Hotelzimmern ein und trauen sich nicht mehr auf die Straße. Andere klappen mitten in einer Gemäldesammlung zusammen und müssen für durchschnittlich drei Tage ins Santa Maria Nuova Hospital eingeliefert werden. Wieder andere werden bis in ihre tiefsten Träume hinein verfolgt von den Florentiner Statuen, Palazzos, Piazzas.
Geübte Museumsbesucher, wie zum Beispiel Kunsthistoriker, kennen ihre Grenzen. Die Mehrheit der »Strand-und-Pizza-Touristen«, die nur aus innerer Verpflichtung mehr oder weniger unwillig die im Reiseführer empfohlenen Kulturstätten aufsuchen, läuft normalerweise keine Gefahr, vom Stendhal-Effekt überwältigt zu werden. Es trifft schon eher die ernsthaften Kunstliebhaber, die in ihre wenigen Ferientage soviel Kultur wie möglich packen und wie von einer Sucht getrieben von einem Museum ins nächste rasen ...

Nr. 31: Der Stendhal-Effekt

Metzger, D.: Zu viel Kunst. Psychologie heute, 1989, 1, 11.

Gefangene der Gefühlskette

Die acht Grundgefühle des Menschen sind Furcht, Zorn, Freude, Traurigkeit, Vertrauen, Ekel, Neugierde und Überraschung. Ich bin mir sicher: Sie kennen alle diese Gefühle. Doch kennen Sie die Gefühlskette? Plutchik hat für alle acht Grundgefühle eine erstaunliche Gesetzmäßigkeit mit fünf Sequenzen in der Erlebnisabfolge entdeckt. Sag mir, welches Ereignis auftritt, und die Gefühlskette sagt dir, was in Menschen abläuft.

Der brüllende Bär

Zur Erklärung der Gefühlskette nehmen wir das Beispiel eines brüllenden Bären, der in freier Natur urplötzlich vor Ihnen steht. Die Gefühlskette enthält fünf Sequenzen:

1. einen Reiz (»Ein Bär steht bedrohlich vor mir«),
2. ein Grundgefühl (»Furcht«, »Panik«),
3. einen Gedanken (»Ich bin einer Gefahr ausgesetzt«),
4. ein Verhalten (»Soll ich flüchten oder mich totstellen?«) und
5. eine Wirkung (»Ich bringe mich in Sicherheit«).

Diese Reihenfolge der Gefühle im Menschen scheint – so weist Plutchik nach – angeboren. Lernen kann jedoch insofern eine Rolle spielen, als die Erfahrung bestimmt, welcher Reiz welche Abfolge der Gefühle auslöst. Wenn einem beispielsweise ein Waldhüter sagt, daß »Totstellen« den Bären eher von einem Angriff abhält als »Davonlaufen«, dann wird man wahrscheinlich (klugerweise) seinen Rat beherzigen.

Nr. 32: Der Der-Bär-brüllt-Effekt
Der Gefühlsketten-Effekt

Schaubild 8: Gefühlsketten von Plutchik

Reiz	*Gefühl*	*Gedanke*	*Verhalten*	*Wirkung*
Bedrohung	Furcht (Panik)	»Gefahr«	Davonlaufen, Flucht	Schutz
Hindernis	Zorn (Wut)	»Feind«	Beißen, Schlagen	Vernichtung
Attraktiver Sexualpartner	Ekstase (Freude)	»Besitzen«	Werben, Paaren	Fortpflanzung
Verlust eines geschätzten Menschen	Kummer (Traurigkeit)	»Verlassenheit«	Weinen, um wiederzufinden	Wiedervereinigung
Gruppenmitglied	Billigung (Vertrauen)	»Freund«	Pflegen, Teilen	Sich anschließen
Abstoßendes Objekt	Abscheu (Ekel)	»Gift«	Erbrechen, Wegstoßen	Ablehnung
Neues Territorium	Neugierde (Erwartung)	»Was ist da draußen?«	Untersuchen, Kartieren	Erkundung
Unerwartetes Objekt	Erstaunen (Überraschung)	»Was ist das?«	Anhalten, Alarmieren	Orientierung

Plutchik, R.: Emotion. New York 1980.

Lebenslügen zwischen Wahrheit und Täuschung

»Nimm dem Durchschnittsmenschen seine Lebenslüge und du hast ihn auch seines Glücks beraubt«, bemerkte einmal der Schriftsteller und Stückeschreiber Henrik Ibsen (1828–1906). Sollten alle Wahrheiten ausgesprochen werden? Wahrscheinlich nicht.

Meine Mutter – die Unternehmerin

Ein fünfzehnjähriges Mädchen idealisierte seine Mutter als Vorbild an bezaubernder Schönheit und Leistungsfähigkeit. Diese Mutter führte ein erfolgreiches Versicherungsunternehmen, das die mageren Einkünfte des Vaters als Künstler mehr als ausgleichen konnte. Die Mutter kaufte ihrer Tochter die besten Kleider. Aber dann bemerkte das Mädchen, daß das Unternehmen der Mutter nicht das war, was es zu sein schien. Der einzige Kunde war ein reicher Industrieller. Auf Ferienreisen in den Süden ergab es sich immer wieder, daß jener zufällig in demselben Hotel abstieg. Schließlich wurde dem Kind klar, daß die »Geschäftsreisen«, die ihre Mutter jede Woche ein oder zwei Nächte von zu Hause fernhielten, Rendezvous mit diesem Industriellen waren. Viele andere in der kleinen Wohngemeinde durchschauten das Arrangement, nur dem Ehemann gelang es, nichts zu bemerken. Mit dem Erkennen der Wahrheit – die Mutter ging fremd, der Vater unterlag der Selbsttäuschung – brach für das Kind eine Welt zusammen.
Auf der Suche nach dem Gleichgewicht zwischen Verleugnung und Wahrheit befinden sich die Menschen zwischen zwei Polen: Irgendwo zwischen diesen Polen – einem Leben, das auf Lebenslügen aufbaut, und dem Aussprechen einfacher Wahrheiten – verläuft der Pfad der Weisheit. Lebenslügen ebnen offenbar einen Weg, der uns ein gesundes und erfülltes Leben erst ermöglicht.

Nr. 33: Der Lebenslügen-Effekt

Goleman, D.: Lebenslügen. Berlin 1991.

Nervenkitzel für Grünschnäbel und alte Hasen

Welche Anspannung erleben erfahrene Fallschirmspringer (Routiniers) und unerfahrene Fallschirmspringer (Novizen) zu verschiedenen Zeitpunkten vor und nach dem Sprung?

Schaubild 9: Nervenkitzel für Novizen und Experten

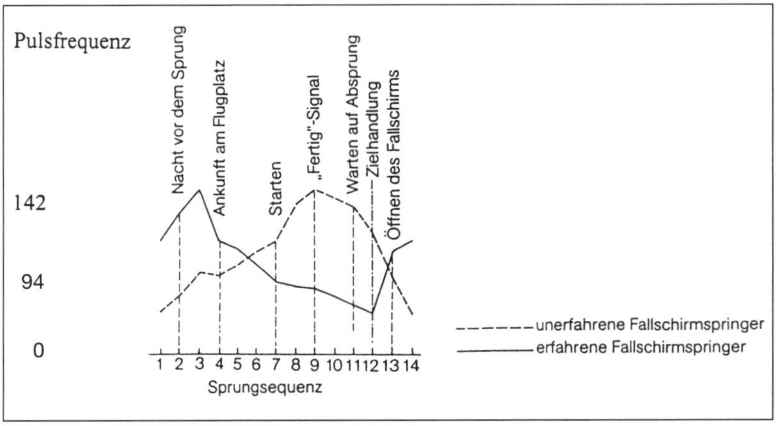

Pulsfrequenzwerte (Schläge pro Minute) bei erfahrenen Fallschirmspringern (durchgezogene Linie) und bei unerfahrenen Springern (gestrichelte Linie) zu verschiedenen Zeitpunkten.

Die alten Hasen unter den Fallschirmspringern erleben ihren höchsten Nervenkitzel bereits in der Nacht vor dem Sprung, also Stunden zuvor, und dann erst wieder im freien Fall unmittelbar vor der Öffnung des Fallschirms. Routiniers scheinen sich so etwas wie eine Vorfreude zu gönnen.

Nr. 34: Der Routinier-Effekt
Der Alte-Hasen-Effekt

Der Nervenkitzel der Grünschnäbel steigt unaufhaltsam bis zum erlösenden »Fertig«-Signal in der Luft – gleichbedeutend mit der Tatsache, daß es kein Zurück mehr gibt. Hat das Flugzeug die Endhöhe für den Sprung erreicht, beträgt die Herzfrequenz bei Neulingen hundertzweiundvierzig Schläge pro Minute, bei erfahrenen Springern vierundneunzig Schläge. Während des Sprungs löst sich die Anspannung der Novizen erheblich. Die Öffnung des Fallschirms erleben die Neulinge entspannter als die erfahrenen

Springer. Neulinge müssen aufpassen, daß sie im Gefolge der Auflösung der Anspannung nach dem Sprung aus dem Flugzeug nicht in einen Rausch und in Unachtsamkeit verfallen.

Nr. 35: Der Novizen-Effekt Der Grünschnabel-Effekt

Fenz, W. D./Epstein, S.: Gradients of Psychophysiological Arousal of Experienced and Novice Parachutists as a Function of an Approaching Jump. Psychosomatic Medicine, 1967, 29, 33–51.

Neid macht erfinderisch

Vieles, was andere können oder besitzen, läßt uns gleichgültig. Es ist uns egal, ob ein anderer besser kochen kann, besser Geige oder Fußball spielt. Es sei denn, wir heißen Paul Bocuse, Anne-Sophie Mutter oder Franz Beckenbauer. Das bedeutet natürlich nicht, daß Weltklasse die Voraussetzung des Neides ist. Jeder von uns hat seine Dinge, auf die er besonders stolz ist. Neid kann durch Eigenschaften, Fähigkeiten, Leistungen und Besitz ausgelöst werden: die besseren Schulnoten, das neue Auto des Nachbarn, das bessere Aussehen der Freundin, der berufliche Erfolg der Ehefrau oder die besseren Leistungen des Bruders.

Neid – eine Landplage

Wie wirkt sich Neid aus? Welche Wege stehen Neidern offen, um sich Luft zu verschaffen? An den Worten erkennen Sie die Neider:

1. Neider weisen auf die Schattenseiten des fremden Besitzes hin: »Ein Swimmingpool macht doch viel Arbeit.«
2. Neider werten ab: »Ein Porsche ist doch das letzte Zuhälterauto.« Oder unter Wissenschaftern: »Einen Nobelpreis bekommt doch mittlerweile schon der letzte Idiot.«

3. Neider zerstören heimlich und mutwillig. Neider kratzen am Lack des Porsches, brechen die Autoantenne ab. Neider sabotieren bewußt Projekte erfolgreicher Kollegen.
4. Neider lieben das Nullsummenspiel der Persönlichkeiten: »Er ist zwar fachlich besser als ich, dafür aber ein Charakterschwein.« Oder: »Sie sieht zwar toll aus, ist aber strohdumm.«
5. Neider flüchten in eine Vorstellungswelt: »Wenn ich nur wollte, könnte ich das auch erreichen, aber ich will gar nicht.«
6. Neider fügen sich dem Schicksal: »Gott hat eben nicht gewollt, daß ich das bekomme. Ich muß mit dem zufrieden sein, was ich habe.«
7. Neider verneinen Besitzstreben: »Wirklich glücklich sind nur die Besitzlosen.«
8. Neider ergötzen sich an der gemeinen Schadenfreude: »So, das hat er jetzt von seiner Besserwisserei!«
9. Neider wählen den letzten Ausweg: »Ich gehe dem konsequent aus dem Weg.«

Nr. 36: Der Neidgenossen-Effekt

Vogel, S.: Neid. Monographie. Regensburg 1992.

Ständig auf der Flucht?

In ihrem Verhalten können Menschen unter den Druck sich widerstreitender Gruppenerwartungen geraten, weil sie nicht in der Lage sind, die Spannungen von sich aus zu lösen. In dieser mißlichen Lage wählen die Menschen oft die Flucht (»Escape«).
Während der amerikanischen Präsidentschaftswahlen 1960 befanden sich katholische Wähler, die der Republikanischen Partei angehörten, in zwei gegensätzlichen Bezugsgruppen: Ihre Mitgliedschaft zur katholischen Kirche verpflichtete sie auf John F. Kennedy, ihre Zugehörigkeit zur Republikanischen Partei auf Richard Nixon. Viele entzogen sich diesem Konflikt, indem sie überhaupt nicht wählten, was sie davor bewahrte, eine Wahl zu

treffen, die im Gegensatz zu einer ihrer Bezugsgruppen stand. Dieses »Aus-dem-Feld-Gehen« ermöglichte es der hin- und hergerissenen Person, sich dem Spannungsfeld zu entziehen. Wer nicht wählte, flüchtete aus dem Spannungsfeld.

Nr. 37: Der Escape-Effekt

Bronfenbrenner, U.: The Changing American Child: A Speculative Analysis. Journal of Social Issues, 1961, 17, 16–18.

Wie Angsthasen mutig und tapfer werden

Was die Nachbarn denken und meinen (könnten), beeinflußt die Lautstärke eines Streits, die Dauer eines Fests und den Zustand des Rasens im Vorgarten. Die tatsächliche oder angenommene Anwesenheit anderer veranlaßt uns, uns so zu benehmen, daß unser Ruf gewahrt bleibt. So läßt uns die Gegenwart anderer Menschen (auch Fremder) mehr Schmerzen ertragen und Belastungen aushalten. Allein sind Menschen schmerzempfindlicher und weniger belastbar.

Elektroschocks – darf's ein bißchen mehr sein?

Wehrpflichtige der US-Armee, die soeben ihre Grundausbildung abgeschlossen hatten, konnten sich Elektroschocks mit Hilfe eines Einstellknopfs bis zur maximalen Toleranzgrenze selbst verabreichen – entweder »allein« (nur der Versuchsleiter war zugegen) oder »zusammen« mit einer zweiten Versuchsperson. In der Versuchsbedingung »zusammen« wurde eine zweite Versuchsperson in den Raum gebracht und gut sichtbar an den Stromkreislauf angeschlossen. Den Soldaten wurde mitgeteilt, daß ihre Partner zur selben Zeit einen gleich starken Elektroschock erhielten, wie die Wehrpflichtigen für sich selbst wählten. Tatsächlich jedoch blieben die Partner von den Stromstößen verschont.

Wie ertragen Wehrpflichtige stärkere Stromstöße?

Die maximale Toleranzgröße der von den Wehrpflichtigen noch ertragenen Stromstöße lag höher, wenn die Soldaten einen Partner um sich sahen, und lag tiefer, wenn die Soldaten alleine die Schmerzbelastungen zu ertragen hatten. Das gemeinsame Ertragen von Streßsituationen trägt dazu bei, die Toleranzgrenze von Belastungen zu erhöhen. Wahrscheinlich ist es für einen Soldaten, der gerade die Grundwehrübungen abgeschlossen hat, nicht unwichtig, seinen Kameraden gegenüber als mutig zu erscheinen. Tapferkeit und Gelassenheit angesichts von Gefahr und Ungemach sind sozial erwünschte Wesensmerkmale; und wenn noch andere zuschauen, möchten die Versuchspersonen noch tapferer erscheinen, insbesondere unter Soldaten, denen diese Eigenschaften als besondere Werte der Armee weitergegeben wurden.

Nr. 38: Der Partner-Effekt
Der Angsthasen-Effekt

Seidman, D./Bensen, S. B./Miller, I./Meeland, T.: Influence of a Partner on Tolerance for Self-Administered Electric Shock. Journal of Abnormal and Social Psychology, 1957, 54, 210–212.

Stouffer, S. A.: The American Soldier: Studies in Social Psychology in World War II. Princeton 1949.

Stolz, Jude zu sein. Stolz, Christ zu sein

Wenn der Ruf der Gruppe bedroht ist, verteidigt der einzelne ihn immer, selbst unter großem Einsatz. Ein Angriff auf eine Gruppe richtet sich immer auch auf die einzelnen Gruppenmitglieder persönlich.

Schmerzgrenzen ausreizen

Um die Schmerzgrenze bei insgesamt dreißig jüdischen und dreißig christlichen Studentinnen festzustellen, wurden Blutdruckmessungen mittels einer drückenden Armbinde vorgenommen. Dann wurde jeder Versuchsperson mitgeteilt, daß in fünf Minuten eine Wiederholung der Blutdruckmessung stattfinden werde, um die Zuverlässigkeit der Messung zu überprüfen.

Gruppenzugehörigkeit

Während die Versuchspersonen auf die Wiederholung des Tests warteten, erzählte der Arzt den *jüdischen* Mädchen beiläufig, jedoch absichtlich: »Wissen Sie, Juden können nicht soviel Schmerzen ertragen wie Christen.« Den *christlichen* Mädchen erzählte der Versuchsleiter hingegen: »Wissen Sie, Christen können nicht soviel Schmerzen ertragen wie Juden.«
Bei der Wiederholung der Blutdruckmessung ertrugen beide Gruppen signifikant mehr Schmerzen, manchmal sogar so viel mehr, daß einige Mädchen blaue Flecken davontrugen! Sich als Jude oder als Christ zu fühlen bedeutet, Stolz auf seine religiöse Gruppe zu empfinden, sich mit der Gruppe zu identifizieren, sich für ihren Ruf und ihr Ansehen verantwortlich zu fühlen, auf ihre Leistung stolz zu sein und sie gegen Angriffe zu verteidigen. Die Zusammenhänge sind aufschlußreich: Je stärker die Angriffe das Ansehen der Gruppe in Mitleidenschaft ziehen, desto stärker identifiziert sich jemand mit der Gruppe und desto höher ist letztlich die Schmerzgrenze.

Die Bedeutung der Fremdgruppe

Der Wettbewerb und die Feindschaft gegenüber einer Fremdgruppe beeinflussen das Zugehörigkeitsgefühl und die Bindung zur eigenen Gruppe entscheidend. Propagandisten und Diktatoren sind sich der Bedeutung der Fremdgruppe voll bewußt. Sie suchen sich bestimmte Gruppen innerhalb der Gesellschaft aus, die sie Gegner oder Feinde nennen – die Gegnerschaft zu dieser Fremdgruppe wird zur einheitsstiftenden Kraft in der eigenen Gruppe. Die Feindschaft und der Wettbewerb stärken die Gruppenzugehörigkeit der eigenen Mitglieder sowie das Zugehörigkeitsgefühl zur eigenen Gruppe in Form erhöhter Loyalität und Opferbereitschaft.

Nr. 39: Der Gruppen-Effekt

Diamond, J.: The Rise and Fall of the Third Chimpanzee. London 1991.

Lambert, W. E./Libman, E./Poser, E. C.: The Effect of Increased Salience of a Membership Group on Pain Tolerance. Journal of Personality, 1960, 28, 350–357.

Lefcourt, H. M.: Humor as a Stress Moderator in the Prediction of Blood Pressure. Journal of Research of Personality, 1997, 523–542.

Kapitel 5
Menschen sind so kollegial

Friendship made in USA?

Ein Professor schickte Weihnachtspostkarten an völlig fremde Leute. Obwohl er schon mit irgendwelchen Rückmeldungen gerechnet hatte, war das Ergebnis erstaunlich – er erhielt reihenweise Ansichtskarten von Leuten, die ihm nie zuvor begegnet waren. Der größte Teil der Leute, die ihm zurückschrieben, wollte gar nicht wissen, wer er denn war: Die wildfremden Leute erhielten vom Professor eine Karte – und schickten dem wildfremden Professor ein Karte zurück. Wie du mir, so ich dir!

Nr. 40: Der Professor-Effekt

Kunz, P./Woolcott, M.: Season's greetings: From my Status to Yours. Social Science Research, 1976, 5, 269–278.

Kennen Sie jemanden, der jemanden kennt?

Wissen Sie, was die Schweiz zusammenhält? Daß jeder bestimmt immer jemanden kennt, der jemanden kennt. Zwischen zwei Gruppen bestehen nur so lange Vorurteile, bis jemand jemanden kennt. Ist jemand befreundet, fallen die Vorurteile in sich zusammen. Die fremde Gruppe bleibt so lange verdächtig, bis persönlicher Kontakt hergestellt ist.

Nr. 41: Der Eidgenossen-Effekt

Wright, S.: The Extended Contact Effect: Knowledge of Cross-Group Friendships and Prejudice. Journal of Personality and Social Psychology, 1997, 73–90.

Wann rücken Menschen zusammen?

Zwischen dem Angstzustand und dem Gesellungsstreben der Menschen besteht ein deutlicher Zusammenhang. Die Gesellung läßt sich gar an der Distanz zwischen Menschen in Metern und Zentimetern ablesen. Eine Lehrkraft las einer Gruppe von Jungen erst harmlose, dann schaurige Gruselgeschichten vor. Bei der ersten Geschichte bildeten die Kinder einen Kreis von drei Meter dreißig Durchmesser. Je gruseliger die Geschichten wurden, desto näher rückten die Kinder zusammen. Beim Ende der letzten Gruselgeschichte hatte sich der Kreisdurchmesser auf einen Meter verringert!

Nr. 42: Der Horror-Effekt

Feshbach, S./Feshbach, N.: Influence of the Stimulus Object upon the Complementary and Supplementary Projection of Fear. Journal soc. Psychology, 1963, 66, 498–502.

(K)ein bißchen gehemmt

Sidney M. Jourard beobachtete zwei Personen während eines einstündigen Gesprächs in Cafés in San Juan, in London, in Paris und in Gainsville. Er zählte die Häufigkeiten der Körperkontakte. Sein Ergebnis:

San Juan (Puerto Rico)	180 Berührungen/Std.
Paris (Frankreich)	110 Berührungen/Std.
Gainsville (USA)	2 Berührungen/Std.
London (England)	0 Berührungen/Std.

Mit Ausnahme des Händeschüttelns haben Menschen in unserem

Kulturkreis außerhalb der Familie meist nur geringen Anlaß, sich gegenseitig zu berühren.

Nr. 43: Der Touch-me-Effekt

Jourard, Sidney M.: An Exploratory Study of Body-Accessability. British Journal soc. Clin. Psychol., 1966, 5, 221-231.

Wer schüttelt Sie durch?

Wußten Sie schon, was in Hongkong ein vermeintlich harmloser Händedruck bedeuten kann? Sehr viel mehr als eine Geste des Wiedersehens: Je stärker Sie jemandem die Hand drücken, desto lieber haben Sie jemanden! Deshalb sei den Herren dieser Schöpfung geraten, einer Frau in Anwesenheit der Gemahlin nie allzulange die Hand zu drücken …
Was geschieht nun unbewußt beim Händeschütteln? Drehen Sie den eigenen Handrücken hoch, dann fühlen Sie sich überlegen, fühlen Sie sich oben. Drehen Sie den eigenen Handrücken nach unten, geben Sie sich unterlegen. Drücken Sie die Hände allerdings gerade (Daumen oben, kleiner Finger unten, Handrücken nach außen gerichtet), definieren Sie die Beziehung partnerschaftlich.

Nr. 44: Der Handshaking-Effekt

Bender, U. P.: Secrets of Power Presentations. Toronto 1991.

Öfter mal Händchen halten?

Schülerinnen, die sich vorher nicht kannten, wurden im Laboratorium von einem Herrn im weißen Kittel begrüßt. Dieser Wissenschafter trug eine Brille und machte ein ernstes Gesicht. Aus der

Kitteltasche schaute ein Stethoskop hervor, hinter ihm im Labor sahen die Schülerinnen beängstigend viele elektrische Apparate stehen. »Gestatten Sie, daß ich mich vorstelle«, begann er, »ich bin Dr. Gregor Zilstein von der Abteilung für Neurologie der medizinischen Fakultät. Ich habe Sie alle gebeten, heute hierherzukommen, um als Versuchspersonen an einem Experiment teilzunehmen, bei dem es um Elektroschocks geht.« Dr. Zilstein schwieg jetzt bedeutungsvoll.

Elektroschocks

Dann kam Dr. Zilstein auf den Versuch selbst zu sprechen. »Um was ich Sie bitten möchte, ist sehr einfach. Wir möchten jedem von Ihnen eine Reihe von Elektroschocks geben. Nun, ich glaube, ich muß völlig ehrlich sein und Ihnen sagen, worum es geht. Diese Schocks werden weh tun, sie werden schmerzhaft sein. Wie Sie sich vorstellen können, ist es notwendig, daß wir bei dieser Forschung, die der Menschheit wirklich helfen soll, starke Schocks geben. Wir werden dazu an Ihrer Hand eine Elektrode befestigen und Sie an einen solchen Apparat anschließen (Dr. Zilstein wies jetzt verheißungsvoll auf die elektrischen Versuchsanlagen), Ihnen eine Reihe Stromschläge geben und verschiedene Größen wie Puls und Blutdruck messen. Ich möchte nochmals ehrlich sein und Ihnen sagen, daß die Stromschläge ziemlich schmerzhaft sind, aber sie werden natürlich keine bleibenden Schäden hinterlassen.«

Streß

Dr. Zilstein erklärte nun, daß alle Versuchspersonen noch zehn Minuten zu warten hätten, weil die elektrischen Apparate erst vollständig aufgebaut werden müßten. Alle Versuchspersonen könnten *einzeln oder mit anderen* warten, bis sie an der Reihe seien. Die unerwartete Bedrohung wirkte verunsichernd, weil die Schülerinnen mit entsprechenden Situationen keine Erfahrungen besaßen. Zilstein legte einen Fragebogen vor, in dem die Schülerinnen ankreuzen konnten, ob sie lieber alleine oder in Gesellschaft warten möchten. Der Elektroschock-Effekt zeigte ein deutliches Gesellungsstreben in Streßsituationen – Händchen halten also bevorzugt:

9% der Schülerinnen warten lieber alleine.
63% der Schülerinnen warten lieber mit anderen zusammen.
28% der Schülerinnen ist es gleichgültig, ob sie alleine oder mit anderen zusammen warten.

Warum warten neun Prozent der Schülerinnen im Angstzustand lieber allein?

Streß in Form von Angst kann ein Streben nach Alleinsein hervorrufen, um unerwünschte Gefühle vor anderen verbergen zu können. Die alleine wartenden Schülerinnen möchten unter allen Umständen vermeiden, wegen ihrer Ängste zur Zielscheibe für Spott und Hohn zu werden. Lieber verheimlichen sie ihre Ängste, statt sie offen und öffentlich – das wäre ihnen peinlich, ja oberoberpeinlich – zu zeigen. Vielleicht stimmt es halt doch: Sag' mir, wie sich Menschen in Streßsituationen verhalten, und ich sag' dir, wie sie mit ihren Gefühlen umgehen …

Warum warten dreiundsechzig Prozent der Schülerinnen lieber zusammen mit andern?

Diese Schülerinnen zeigen sich unter Streß gesellig, weil sie sich eine Verringerung der Furcht versprechen. Sie hoffen darauf, sich durch das Zusammensein mit Leidensgefährten Klarheit über die eigene Lage verschaffen zu können (bessere Selbsteinschätzung zu erzielen). Die Gesellschaft besonders von Menschen, die ebenfalls im Elend stecken, erhöht in neuen, unüberschaubaren, scheinbar mißlichen und gefährlichen Situationen die Selbstsicherheit.

Nr. 45: Der Elektroschock-Effekt

Übrigens: Begrüßt Dr. Gregor Zilstein die Probanden angstfrei (ohne Androhung von Elektroschocks), warten sechsundsechzig Prozent der Schülerinnen alleine.

Schachter, S.: The Psychology of Affiliation: Experimental Studies of the Sources of Gregariousness. Stanford 1959.

Kapitel 6
Menschen sind so fair

Helfen Menschen um der Hilfe willen?

Im Lukas-Evangelium half der biblische Samariter selbstlos – trotz der Gefahr, unter die Räuber zu fallen. Der Samariter gab der Welt ein Beispiel wahrer und tätiger Nächstenliebe. Selbst zeitgenössische Samariter wüßten kein schöneres Gleichnis, um darzutun, was es heißt, hilfreich, edel und gut zu sein. Samariterarbeit ist Dienst am Nächsten in Form uneigennütziger Hilfe, wo immer Mitmenschen in irgendeine Notlage geraten sind. So weit, so gut. Leider ist die wirkliche Welt erstens nicht biblisch und zweitens schon gar nicht voller Samariter.

New York im Untergrund

Stellen Sie sich vor: New York. Nach Feierabend. Stoßverkehr. Gedränge in der U-Bahnstation. Die Passagiere sind im dicht besetzten Zug zusammengepfercht. Urplötzlich bricht ein Mann zusammen. Das Opfer bleibt rücklings auf dem Boden liegen – regungslos mit geschlossenen Augen und offenem Munde.

Wetten, daß Menschen nicht helfen, wenn …

… das Opfer betrunken ist. Denn Betrunkene tragen selbst Schuld an ihrem Unglück.

Nr. 46: Der Alki-Effekt

… das Opfer aus dem Gesicht blutet. Hier ist Hilfe durch Laien nicht erwünscht. Dafür ist der Arzt zuständig.

Nr. 47: Der Arzt-Effekt
Der Doktor-Effekt

… das Opfer durch eine Narbe im Gesicht entstellt ist. Solche »Monster« scheinen zu gefährlich. Die Narbe hält vom helfenden Eingreifen ab. Also lassen Menschen die Hände weg.

Nr. 48: Der Monster-Effekt
Der Frankenstein-Effekt

Durch und durch berechnend sind wir Menschen auch in der Hilfe anderen gegenüber. Wir helfen vor allem, wenn wir eine hohe Belohnung erwarten:

Wetten, daß Menschen helfen, wenn …

… ihnen gesellschaftliche Anerkennung winkt. Wenn ein Pressefotograf oder ein Kamerateam die gute Tat verewigt, steigt die Hilfsbereitschaft in der Hoffnung auf gesellschaftliche Billigung – sei es in Form eines Fotos in der Zeitung, eines Berichts im Fernsehen oder gar einer öffentlichen Preisverleihung. Merke: Das hilfsbedürftige Opfer ist dem Helfenden ein willkommenes Mittel zum höchst eigennützigen Zweck.

Nr. 49: Der Applaus-Effekt

… ihnen ein finanzieller Gewinn als Anreiz dient. Die Hilfsbereitschaft wird angespornt durch funkelnde Perlenstecker am Ohr des Opfers – es darf natürlich auch ein Kollier am Hals oder ein Brillant am Finger sein. Kurzum: Menschen helfen schmuckbehangenen oder schwerreichen Opfern mit dem Outfit eines Millionärs eher (lieber) als randständigen Hilfsbedürftigen am Bettelstab.

Nr. 50: Der Portemonnaie-Effekt

… wenn ihnen wirksame Mittel zur Verfügung stehen. Sie helfen einem unterkühlten Bergsteiger eher, wenn sie eine Suppe anbieten können als eine eisgekühlte Coca-Cola.

Nr. 51: Der Coca-Cola-Effekt

Helfen Menschen um der Hilfe selbst willen? Kaum, denn alles – auch Hilfe – hat einen Preis. Wir Menschen sind auch bei Hilfeleistungen äußerst berechnend: Je höher die Belohnung, desto eher helfen wir. Und je höher die Kosten, desto geringer ist unsere Hilfsbereitschaft. Wenn Sie also schon mal ohnmächtig zusammenbrechen und bewußtlos auf dem Boden liegenbleiben, dann sei Ihnen wärmstens empfohlen, nicht betrunken zu sein, nicht zu bluten, keine Narbe im Gesicht zu haben und wie ein Millionär auszuschauen … oder aber auf einen biblisch edlen Samariter zu treffen. Sonst ist die Hilfe der lieben Mitmenschen höchst ungewiß.

Piliavin, I. M./Dovidio, J. F./Gaertner, S. L., Clard, R. D.: Emergency Intervention. New York 1981.

SOS – und wer handelt?

Autofahrer bekommen auf einer abgelegenen Straße häufiger Pannenhilfe als auf einer stark befahrenen. Warum? In einer gottverlassenen Gegend ist jedem Vorbeifahrenden klar: »Wenn ich nicht helfe, wird es niemand tun.« Auf einer belebten Straße mag sich niemand unmittelbar angesprochen fühlen, es sind ja noch so viele andere da. Die Verantwortung wird zwischen den einzelnen Autofahrern aufgeteilt – mit dem Ergebnis: Niemand hilft, die Panne zu beheben. Je mehr Zeugen vorhanden sind, desto seltener und desto später leisten sie Hilfe. Die angenommene Zahl anderer Zeugen entscheidet über das eigene Hilfeverhalten. Wir sprechen von »Verantwortungsdiffusion«. Dazu ein klassisches Experiment.

Wie wirken SOS-Rufe, wenn ein Zeuge, und wie, wenn mehrere Zeugen zugegen sind?

Die Versuchspersonen waren Studenten, die sich bei ihrer Ankunft im Labor zunächst in einem langen Flur wiederfanden, von dem links und rechts Türen in verschiedene Räume führten. Der Versuchsleiter begleitete jede einzelne Versuchsperson in eines der Zimmer und bat sie, an einem Tisch Platz zu nehmen und die bereitliegenden Kopfhörer aufzusetzen. Der Versuchsleiter verließ daraufhin den Raum und schloß die Tür sorgfältig hinter sich. Über Kopfhörer erläuterte der Versuchsleiter schließlich jedem einzelnen Probanden, er sei an den persönlichen Problemen der Studenten interessiert, besonders an jenen, die durch eine streßreiche städtische Umgebung entstanden seien. Der Gebrauch von Kopfhörer und Mikrofon diene dazu, mögliche Verlegenheiten zu vermeiden und die Anonymität der Versuchspersonen zu gewährleisten, so daß selbst sehr intime Probleme kommuniziert werden könnten, ohne daß sich die Teilnehmer direkt gegenüberstehen müßten. Der Versuchsleiter erklärte weiterhin, er werde die Unterhaltung nicht mit anhören, da das möglicherweise die Hemmschwelle erhöhe, statt dessen werde er später die zur Sprache gekommenen Probleme mit Fragebögen erfassen. Die Probanden sollten abwechselnd sprechen. Die Mikrofone seien abwechselnd für jeden Teilnehmer zwei Minuten geöffnet. Während das Mikrofon des einen eingeschalten sei, seien alle anderen abgeschaltet – nur einer könne zu einem bestimmten Zeitpunkt sprechen. *Je nach Versuchsbedingung glaubten die Probanden, sie seien zu zweit, zu dritt oder zu sechst. In Wirklichkeit gab es jeweils nur einen, alle anderen Stimmen kamen vom Tonband.* Die wirkliche Versuchsperson war als letzte mit ihrer Wortmeldung an der Reihe.

Die erste »Versuchsperson« sagte, sie finde es schwierig, sich in New York und seiner akademischen Welt zurechtzufinden. Mit sehr verlegen klingender Stimme beschrieb sie ab Tonband, gelegentlich unter epileptischen Anfällen zu leiden, besonders dann, wenn sie schwer arbeiten müsse oder Prüfungen bevorstünden. Dann waren alle anderen »Versuchspersonen« ebenfalls ab Tonband an der Reihe, zum Schluß die wirkliche Versuchsperson. Keine der anderen erwähnte etwas von epileptischen Anfällen.

Als die erste »Versuchsperson« wieder an der Reihe war, sprach sie zunächst flüssig einige Sätze, bevor sie unvermittelt zu stottern anfing:

»Ich – äh – äh, ich glaube, ich – ich brauche – wenn – wenn – könnte – äh – äh – jemand – äh – äh ... mir vielleicht – äh – mir vielleicht hier helfen, weil – äh – ich – äh – ich – äh –äh – h-h-habe ein – ein – ein großes Problem – äh – und wenn – äh – wenn mir jemand hier heraushelfen würde, wäre das – wäre das s-s-sehr – sehr gut ... weil – äh – es da – äh – äh – weil ich – äh – ich – ich kriege einen von den – Anf ... äh – äh – und – und – und ich brauche wirklich – äh – wirklich Hilfe, also bitte wenn mir jemand – äh – bitte helfen – äh – äh – könnte bitte jemand (Erstickungslaute) ... Ich sterbe – äh – äh – ich ... sterbe – äh – Hilfe – Anfall – äh (hustet, Stille).«

Der Versuchsleiter wollte mit diesem vorgetäuschten »Anfall« eine experimentell kontrollierbare Notfallsituation schaffen und herausfinden, ob und unter welchen Bedingungen die wirklichen Versuchspersonen Hilfe leisten würden. Außerdem stoppte er die bis zum jeweiligen Eingreifen vergangene Zeit. Die Versuchspersonen, die ihr Zimmer verließen, sahen den Versuchsleiter am Ende des Korridors auf einem Stuhl sitzen und wandten sich ausnahmslos an ihn, um Hilfe anzufordern. Wenn die Versuchspersonen sechs Minuten lang nicht reagierten, wurde das Experiment für beendet erklärt.

Verantwortung – das ist wohl etwas für andere

Die Ergebnisse dieses Tests zeigen deutlich, daß das Hilfeverhalten von der angenommen Zahl anderer Zeugen abhängt (»Verantwortungsdiffusion«):

Schaubild 10: Hilfeverhalten

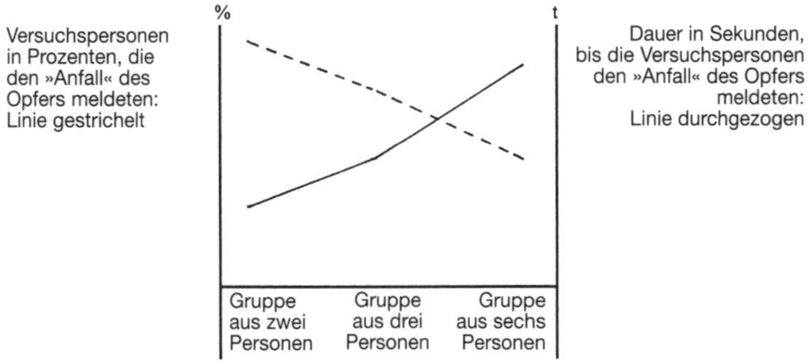

Das Hilfeverhalten hängt von der angenommenen Zahl anderer Zeugen ab (»Verantwortungsdiffusion«).

Je mehr Zeugen, desto seltener und später Hilfe

Nahm die Versuchsperson an, insgesamt würden *zwei* Menschen (das »Opfer« und sie selbst) am Experiment teilnehmen, meldeten *hundert Prozent* der Versuchspersonen nach durchschnittlich *zweiundfünfzig* Sekunden den epileptischen Anfall.
Nahm die Versuchsperson an, insgesamt würden *drei* Menschen (das »Opfer« und zwei weitere Versuchspersonen) am Experiment teilnehmen, meldeten *fünfundachtzig Prozent* der Versuchspersonen nach durchschnittlich *dreiundneunzig* Sekunden den epileptischen Anfall.
Nahm die Versuchsperson an, insgesamt würden *sechs* Menschen (das »Opfer« und fünf weitere Versuchspersonen) am Experiment teilnehmen, meldeten nur noch *zweiundsechzig Prozent* der Versuchspersonen erst nach durchschnittlich *hundertsechsundsechzig* Sekunden den epileptischen Anfall.
Die »Verantwortungsdiffusion« ist belegt: Je mehr Zeugen vorhanden sind, desto seltener und desto später leisten sie den Opfern Hilfe.

Nr. 52: Der SOS-Effekt

Latané, B./Darley, J. M.: The Unresponsive Bystander: Why Doesn't He Help? New York 1970.

Kapitel 7
Menschen sind so isoliert

Komm mir nur nicht zu nahe!

Einhundertfünfunddreißig Millionen Quadratkilometer dieser Welt gelten als bewohntes Gebiet. Unterstellen wir eine Weltbevölkerung von sieben Milliarden Menschen, so ergibt dies eine durchschnittliche Bevölkerungsdichte von achtundvierzig bis fünfzig Personen pro Quadratkilometer. Verteilten sich die Menschen gleichmäßig auf die bewohnte Fläche, so würde der durchschnittliche Abstand von einer Person zur nächsten ungefähr neunzig Meter betragen. Im Alltag ist die Distanz zwischen Menschen erheblich geringer, meist nur wenige Meter.

Fast allen von uns ist es unangenehm, wenn uns jemand zu nahe kommt. Im Kino oder im Theater schließen wir nur widerwillig bis zum besetzten Platz auf. Im Café suchen wir einen freien Tisch. An der Theke stellen wir uns nur dann neben andere Personen, wenn es sich nicht vermeiden läßt.

Frauen wählen freie Sitzplätze eher neben Frauen. Männer hingegen wählen häufiger freie Sitzplätze neben Frauen. Extrovertierte Personen bevorzugen eine geringere Distanz als introvertierte.

Die Toleranz für geringe Distanz scheint in Japan weit geringer zu sein als bei uns. Deshalb empfinden Japaner die wahrscheinlich dichteste Menschenansammlung in der Tokioter Untergrundbahn als besonders unerträglich. Folgerichtig hat die U-Bahngesellschaft in Tokio Personen angestellt, die während der Hauptverkehrszeit nichts anderes zu tun haben, als die Fahrgäste in die Wagen zu drücken! Ebenso bietet die U-Bahngesellschaft den Fahrgästen glatte Mäntel an, damit sie besser durch die wie Ölsardinendosen vollbepackten Züge hindurchfinden.

Südeuropäer stehen dichter zusammen als Mittel- und Nordeuropäer, Juden dichter als Deutsche oder Nordamerikaner. Daraus kann sich eine eigentliche Verfolgungsjagd entwickeln: ein Araber (der geringe Distanz gewohnt ist) »verfolgt« einen Engländer (der größere Distanz als angenehm empfindet). Einer »Handorgel« gleich wiederholt sich die Bewegung: Der Engländer weicht zurück, der Araber schließt auf, der Engländer weicht zurück, der Araber …

Natürlich spielen auch situative Faktoren eine erhebliche Rolle. Möchte man sich etwas Vertrauliches sagen oder eine andere Person nicht stören, geht man viel näher auf seinen Gesprächspartner zu als sonst. Auch bei Lärm wird eine geringere Distanz akzeptiert. In der Antarktis kann man sich bei günstigen Windverhältnissen noch über eine Distanz von zwei Kilometern gut verständigen!

Nr. 53: Der Distanz-Effekt

Argyle, M.: Körpersprache und Kommunikation. Paderborn 1979.

Machen Medien Männermythen?

Wie beeinflussen Medien die Lebensgefühle und Überzeugungen der heranwachsenden männlichen Jugendlichen? Soviel sei verraten: Der »Rambo«-Effekt ist auch für Mädchen denkwürdig – allein schon deswegen, um die Jungs in ihrer Mannhaftigkeit frühzeitig zu durchschauen.

Der Mann wird bedroht und setzt sich zur Wehr

Das bekommt der Junge schon von klein auf zu spüren. Da ist der Streit mit dem Bruder, die Balgerei mit den Burschen von nebenan. Reibereien erlebt er überall: auf der Straße, in der Schule, zu Hause. Und im Fernsehen. All das vermischt sich im Kopf: Überall ist Kampf. Der heranwachsende Mann muß sich in einer Welt voller Gefahren behaupten. Um zu überleben, muß er kämpfen. Er ist sogar gezwungen zuzuschlagen, präventiv, als erster. Angriff ist seine beste Verteidigung. Das zeigen ihm die Medien ganz deutlich. *Merke: Rambo* geht mit seiner Action immer als Gewinner hervor.

Gewalt ist das Mittel, das die Welt ins Lot bringt

In den Medien wird Gewalt mehrschichtig angeboten: in den Nachrichten als Abbild der Wirklichkeit, im Unterhaltungsbereich als Vorbild. Gewalt wird als Ultima ratio präsentiert. Die Folgewirkung: Jugendliche übertragen die Fernsehweisheiten auf die Wirklichkeit: Wer stark wie Rambo ist, bekommt Anerkennung und sichert sich seinen Platz in der Gesellschaft. *Merke: Rambo* löst die Probleme mit Gewalt. Gewalt rückt Probleme wieder gerade.

Der Mann ist ein einsamer Wolf, er kämpft allein

Die Jugendlichen identifizieren sich mit Helden wie Rambo, weil auch diese Einzelkämpfer alleine gegen den Rest der Welt kämpfen. Denn in einer (einsamen) Welt der Angreifer und Verbrecher darf man sich nur auf sich selbst verlassen. *Merke: Rambo* verläßt sich nur auf sich selbst.

Die starken Männer sind unsicher und möchten geliebt werden

Den Jugendlichen bleiben Zweifel, ob sie das, was die Helden im Film zeigen, selbst in der Wirklichkeit schaffen können. Zu hart ist deren Weg, zu unsicher und zu einsam. *Merke: Rambo* wird als »Lonely Rider« verehrt. Dahinter brennt die Sehnsucht nach der Geborgenheit in der Gruppe.

Nr. 54: Der Rambo-Effekt

Schorb, B.: Universität Leipzig, medien+erziehung, 2, 1994.

Zwischen Isolationsangst und Konformitätsdruck

Die soziale Natur veranlaßt den Menschen, seine Umwelt (auch die Medienumwelt) zu beobachten, und zwar insbesondere bezüglich der öffentlichen Meinung: Welche ist die vorherrschende Meinung (zum Beispiel: Welche Partei wird die Wahlen gewinnen)? Besteht Konsens zwischen der eigenen und der öffentlich wahrgenommenen Mehrheitsmeinung, kann die eigene Meinung öffentlich geäußert werden, ohne Gefahr, sozial plötzlich neben den Schuhen zu stehen.

Menschen schweigen sich in die Minderheit

Bei Dissonanz zwischen der eigenen Meinung und der öffentlich dargebotenen Mehrheitsmeinung ziehen es die Menschen vor zu schweigen, was eine sogenannte »Schweigespirale« in Gang setzen kann: Die vermeintliche Minderheitengruppe nimmt sich als Minderheit wahr, beginnt aus Isolationsangst zu schweigen, wodurch ihre Meinung öffentlich nicht mehr geäußert wird, was als Bestätigung der Mehrheit aufgefaßt wird. Die Schweigespirale beginnt sich zu drehen: Die Minderheit schweigt sich in die Bedeutungslosigkeit (zum Beispiel eine Wahlniederlage).

Menschen schweigen sich in die Bedeutungslosigkeit

Frau E. Noelle-Neumann bescheinigt dem Fernsehen, 1976 beim Sieg der SPD/FDP wahlentscheidend gewesen zu sein: Die TV-Berichterstattung vor den Wahlen verzerrte die Wirklichkeit zugunsten von SPD/FDP. Das vorherrschende »linke« Meinungsklima im Fernsehen führte nach demoskopischen Daten des Allensbacher Instituts vor allem bei den TV-Vielsehern, die ursprünglich eher mit der CDU/CSU sympathisiert hatten, dazu, daß diese ihre politische Haltung nicht mehr öffentlich äußerten. Die viel fernsehenden CDU-/CSU-Mitglieder schwiegen sich aus. Sie hatten Isolationsangst – Angst, mit ihrem Eintreten für die CDU/CSU plötzlich neben den Schuhen zu stehen. Mit der wahlentscheidenden Bedeutung der »Schweigespirale« erhoben die Parteien das Fernsehen zum bevorzugten Mittel zur Selbstdarstellung.

Nr. 55: Der Schweigespiralen-Effekt

Noelle-Neumann, E.: Die Schweigespirale. Öffentliche Meinung – unsere soziale Haut. Frankfurt 1982.

Merten, K.: Wirkungen der Medien im Wahlkampf: Fakten und Artefakte? In: Schulz, W./Schönbach, K. (Hrsg.): Massenmedien und Wahlen. München 1983, 424–441.

Reif für die Insel?

Die Vorstellung, »alles hinter sich zu lassen«, um das Leben eines Einsiedlers zu führen, ist ein beliebtes Gedankenspiel. Aber es zeigt sich, daß sich die Trennung von der menschlichen Gesellschaft verheerend auswirkt.

Wie lange halten Sie es alleine aus?

Eine Forschergruppe heuerte Studenten für zwanzig Dollar pro Tag als Versuchspersonen an. Die jungen Männer wurden angewiesen, sich in ein bequemes Bett zu legen, das in einer würfelförmigen, engen und erleuchteten Kammer stand. Sie trugen dicke Brillen mit Mattglas, durch die das Erkennen von Umrissen verhindert wurde. Um die Wahrnehmung durch Berührung zu beschränken, trugen die Versuchspersonen – außer beim Essen und auf der Toilette – Baumwollhandschuhe vom Ellbogen bis zu den Fingerspitzen (Pappmanschetten). Außer einer summenden Belüftungsanlage war nichts zu hören. Eine Aufgabe wurden den Versuchspersonen nicht gestellt. Sie wurden nur gebeten, drei oder vier Tage zu bleiben. Jeder konnte den Versuch abbrechen, wann er wollte.
Bevor Sie weiterlesen: Hätten Sie an diesem Versuch teilgenommen? Wie lange hätten Sie es in der Kammer ausgehalten? Womit hätten Sie sich die Zeit vertrieben?

Menschen halten Isolation nicht aus

Die meisten Studenten hatten sich vorgenommen, die Zeit für die gedankliche Vorbereitung von Referaten und Seminararbeiten zu nutzen. Trotz der für 1951 besonders auch für Studenten großzügigen Entlohnung von zwanzig Dollar pro Tag blieb kaum einer länger als zwei Tage. Zuerst schliefen die Versuchspersonen ein, dann wurden sie unruhig, waren leicht erregbar, bekundeten Schwierigkeiten, sich zu konzentrieren. Bald traten die ersten Wachträume und lebhafte Halluzinationen ein. Die Studenten verloren den Sinn für die Perspektive, sahen Lichtpunkte, schließlich kleine gelbe Männchen mit schwarzen Mützen, einen Aufmarsch emsiger Eichhörnchen mit Säcken auf den Schultern oder gar Gänsemärsche von Brillengläsern. Zunächst waren sie über diese Bilder belustigt und betrachteten sie als angenehme Abwechslung. Aber im Laufe der Zeit drängten sich die Bildinhalte in unangenehmer Weise immer mehr auf. Viele Versuchspersonen glaubten Stimmen, Geräusche und eine ewig gleiche Musik zu hören. Andere entwickelten ein brennendes Verlangen nach jeder Form von Reizen, wie zum Beispiel das wiederholte Ableiern des Börsenberichts oder das Vorlesen eines Fahrplans oder eines Telefonbuchs! Noch zehn Tage nach einem Versuch zeigten sich Veränderungen im Hirnstrombild.

Gehirnwäsche

Isolation führt zu sozialer und sensorischer Deprivation (Entbehrung, Mangel). Ein wesentlicher Anreiz für die Untersuchung des Verhaltens in Einsamkeit war die Erfahrung amerikanischer Soldaten mit der Gehirnwäsche im Koreakrieg (1950–1953), bei der die Isolation allerdings mit Schlafentzug, Verhör und Folter gekoppelt war. Die Rotchinesen (die die Nordkoreaner unterstützten) begannen eine Gehirnwäsche (Brainwashing) damit, daß der Gefangene in Einzelhaft genommen wurde: Langeweile, Unruhe, Depression, Geistesabwesenheit, Halluzinationen und psychotische Wahnvorstellungen stellten sich ein. Zugleich wurde die Beeinflußbarkeit größer.

Verunsicherung und Beeinflußbarkeit

Weitere Anlässe für die Erforschung der sozialen und sensorischen Deprivation ergaben sich durch die technologischen und strukturellen Veränderungen in der Berufswelt (Automation,

Langstreckenfahrer) und in der Gesellschaft (Singles, alleinstehende Senioren, Krankenhauspatienten, Abenteurer): Einsamkeit führt zu einer größeren Verunsicherung und dadurch zu einer größeren Beeinflußbarkeit.

Nr. 56: Der Reif-für-die-Insel-Effekt

Bexton, W. H./Heron, W./Scott, T. A.: Effects of Decreased Variations in the Sensory Environment. Canadian Journal of Psychology, 1954, 8, 70–76.

Woodburn, H.: The Psychology of Boredom. Scientific American 1, 1957.

Erstgeborene sind ängstlicher als Nachgeborene

Als in der New Yorker Innenstadt am 9. November 1965 die Stromversorgung bis zum nächsten Morgen völlig zusammenbrach, machten sich Wissenschafter mit Fragebögen auf den Weg, um Furcht und Gesellung unter diesen ungewöhnlichen Bedingungen zu untersuchen. Ergebnis: Erstgeborene erwiesen sich als ängstlicher als Nachgeborene der Geschwisterreihe. Und: Erstgeborene erwiesen sich vor allem dann als ängstlicher, wenn sie allein waren. Warum?

Erstgeborene sehr stark bemuttert

Mütter sind ihren Erstgeborenen gegenüber wahrscheinlich aufmerksamer, hilfsbereiter und unternehmen mehr, um Ängste und Nöte von ihnen fernzuhalten, als bei Nachgeborenen. Dadurch lernen erstgeborene Kinder, daß die Anwesenheit anderer (insbesondere der Mutter) eine furchtverringernde und beruhigende Wirkung hat.

Erstgeborene ohne Talent zum Helden

Da Erstgeborene besonders alleine ängstlicher als Nachgeborene sind, eignen sie sich kaum zum Helden. Bei den Kampffliegern im Koreakrieg gab es unter den wagemutigen »Assen«, denen fünf oder mehr Abschüsse gelangen, kaum Erstgeborene.
Schließlich stufen sich Erstgeborene in ihrem Selbstwert tiefer ein als Nachgeborene, da einmal festgefügte Abhängigkeitsgewohnheiten in der Regel die Selbstachtung beeinträchtigen.

Nr. 57: Der Geschwister-Effekt

Zimbardo, P./Formica, R.: Emotional Comparison and Self-Esteem as Determinants of Affiliation. Journal of Personality, 1963, 31, 141–162.

Kapitel 8
Menschen sind so produktiv

Warum Menschen bei Mondschein besser arbeiten ...

In den zwanziger Jahren montierte die amerikanische Western Electric Company in den Hawthorne-Werken elektrische Relais. Sechs Arbeiterinnen wurden aus der riesigen Montagehalle herausgenommen und in einem überschaubaren »Relay Assembly Room« eingesetzt. Die Vorgesetzten sagten den Frauen, sie sollten ruhig weiterarbeiten und keine Geschwindigkeitsrekorde aufstellen. Die Forscher wollten den »one best way« zur Ermittlung optimaler Arbeitsbedingungen und Arbeitsleistungen finden.
Vorerst zeichneten die Forscher einige Tage lang die Leistungen der sechs Arbeiterinnen bei normaler Beleuchtung auf. Nun verbesserten die Forscher die Beleuchtung, so daß die Arbeiterinnen besser sehen konnten. Die Leistung stieg, was nicht überraschte. Zur Kontrolle wurde die Beleuchtungsstärke in einem dritten Versuchsabschnitt wieder reduziert. Ergebnis – und das war überraschend: Die Leistung stieg weiter an! Ohne eine rechte Erklärung für dieses Ergebnis zu haben, wurde die Beleuchtungsstärke weiter reduziert – so sehr, daß die Arbeiterinnen bei einer Beleuchtung montieren mußten, die dem Mondschein vergleichbar war. Ergebnis: Die Leistung stieg weiter! Was war geschehen?

Arbeitsleistungen in Kleingruppe verbessert

Die Arbeiterinnen brachten bessere Leistungen, weil sie sich beachtet und anerkannt fühlten (Hawthorne- oder Mondschein-Effekt). Sie waren aus der Menge der anderen herausgehoben worden. Der kleinere Montageraum war angenehmer als die riesige Montagehalle. Die Aufsicht war weniger förmlich. Die Arbeit war weniger eintönig. Und vor allem: Die sechs Arbeiterinnen arbeiteten zwar jede für sich, aber bildeten eine Gemeinschaft in einer großen Organisation. Diese Kleingruppe hatte schnell Normen, das heißt Verhaltenserwartungen in bezug auf die zu erbringende

Leistung entwickelt. Dazu bedurfte es gar nicht des sozialen Drucks in Form von Ermahnungen und Strafandrohungen. Die Arbeiterinnen konnten sich sehen und sich während der Pausen, im Umkleideraum und auf dem Weg zur Arbeit über ihr Befinden unterhalten.

Nr. 58: Der Hawthorne-Effekt
Der Mondschein-Effekt

Roethlisberger, F. J./Dickson, W. J.: Management and the Worker. Cambridge, Mass. (Harvard University Press) 1947.

Zuckerbrot oder Peitsche?

Wenn Menschen alleine sind,
verbessert hohe Angst das Leistungsvermögen bei *einfachen* Aufgaben.
Wenn Menschen alleine sind,
verschlechtert hohe Angst das Leistungsvermögen bei *schwierigen* Aufgaben.

Wenn andere Menschen anwesend sind,
verschlechtert hohe Angst das Leistungsvermögen bei *einfachen* Aufgaben.
Wenn andere Menschen anwesend sind,
verbessert hohe Angst das Leistungsvermögen bei *schwierigen* Aufgaben.

Nr. 59: Der Mach-mal-Effekt

Lück, H.: Psychologie sozialer Prozesse. Opladen 1993.

Warum nur so fleißig?

Wenn Kinder zeichnen, weil sie ganz einfach Spaß am Zeichnen haben, sind sie intrinsisch (= durch die Sache selbst) motiviert. Zeichnen die Kinder nur einer Schulnote oder eines Wettbewerbs wegen, sind sie extrinsisch (= durch äußere Anreize wie Geschenke, Geld, Lob) motiviert. Die Leistung bei einer intrinsisch motivierten Aufgabe nimmt ab, sobald die Kinder eine Belohnung für die Durchführung der Aufgabe erhalten.

Motivation: intrinsisch oder extrinsisch?

Kinder erhielten die Möglichkeit, mit Zeichenmaterial zu spielen. Nachdem dabei eine Messung für das Interesse der Kinder am Zeichnen erhoben worden war, wurden diejenigen Kinder als Versuchspersonen ausgewählt, die ein intrinsisches Interesse an der Aktivität gezeigt hatten. Sie wurden in drei Gruppen eingeteilt, in denen sie wiederum die Gelegenheit erhielten, mit dem Zeichenmaterial zu spielen.

1. Gruppe: Den Kindern wurde für das Zeichnen eine Belohnung versprochen. Schließlich erhielten die Kinder die erwartete Belohnung.
2. Gruppe: Die Kinder erhielten eine Belohnung, ohne diese erwartet zu haben.
3. Gruppe: Den Kindern wurde eine Belohnung weder versprochen noch gegeben.

Das Zeichenmaterial wurde zwei Wochen später erneut im Spielraum bereitgestellt, und das Interesse der Kinder wurde unauffällig beobachtet.

1. Gruppe: Die Kinder waren am Zeichnen nicht mehr sehr interessiert – es sei denn, eine erheblich »bessere« Belohnung wurde den gesättigten Kindern in Aussicht gestellt. Zeichnen bedeutete diesen Kindern nur noch

Mittel zum Zweck, nur noch Mittel zur Ergatterung einer Belohnung.

2. Gruppe: Die Kinder zeichneten nach wie vor sehr gerne.

3. Gruppe: Die Kinder zeichneten ebenfalls weiterhin sehr gerne.

Nr. 60: Der Lohn-Effekt

Lepper, M. R.: Undermining Children's Intrinsic Interest with Extrinsic Reward. Journal of Personality and Social Psychology, 1973, 28, 129–137.
Deci, E. L.: Effects of Externally Mediated Rewards on Intrinsic Motivation. Journal of Personality and Social Psychology, 1971, 18, 105–115.
Mamman, A.: Employees' Attitudes Toward Criteria for Pay Systems. The Journal of Social Psychology, 1997, 33–41.

Arbeiten Sie länger als fünf Minuten?

Kleine Aufgaben sind schnell erledigt. Und »Fünf-Minuten-Aufgaben« sind mit einem wunderbaren Verstärker verbunden: Da ist die Freude, eine Aufgabe erledigt zu haben. Da ist das Lob, weil man einem Kollegen schnell helfen konnte. Und da ist die Gelegenheit, sich selbst zu belohnen. Sobald eine Fünf-Minuten-Aufgabe erledigt ist, gönnen sich die Häppchenjäger eine Tasse Kaffee, ein Schwätzchen oder einfach nur eine kleine Entspannungspause.

Häppchenjäger gehen um

Am Ende des Arbeitstages haben die »Fünf-Minuten-Aufgaben«-Süchtigen den Eindruck, sie seien vor lauter Kleinkram wieder einmal zu nichts Vernünftigem gekommen. Kleine Aufgaben wurden erledigt, doch für das große Projekt, das sie schon so lange in Angriff nehmen wollten, hat die Zeit mal wieder nicht gereicht. Sie sind überzeugt: Wenn sie nicht ständig von den vielen kleinen unwichtigen Dingen abgelenkt würden, dann kämen sie endlich zu den wirklich wichtigen Aufgaben. Mit der Schuldzuweisung an »die Umstände« lenken sie geschickt davon ab, daß sie für ihre Arbeitsorganisation selbst verantwortlich sind. Am nächsten Morgen beginnen sie wieder mit den Freude und Lob erntenden kleinen Fünf-Minuten-Aufgaben. Das große Projekt kann warten.

Nr. 61: Der Häppchenjäger-Effekt

Kuhlenschmidt, S./O'Connor, J.: Süchtig nach Fünf-Minuten-Aufgaben. Psychologie heute, 1997, 6, 14–15.

Ganz unten durch

Machen wir uns nichts vor. Der Lebenskampf ist grausam. Das ewige Machtspiel fordert naturgemäß »Menschenopfer«, die zwangsläufig das Joch der Unterwerfung und Unterdrückung tragen lernen. Viele »Menschenopfer« spüren die Grausamkeit der Unterwerfung und die Gewalttätigkeit der Unterdrückung tagtäglich am eigenen Leib – in der Familie, im Freundeskreis und in der Firma.

Wer beispielsweise in der Arbeit geknebelt und gegeißelt wird, stellt sich unweigerlich die Frage: Wie komme ich da raus? Wie gehe ich gegen diese Unterdrückung und Unterwerfung vor?

Ethisch im Clinch – wie weiter?

Wer kündigt oder abwandert, mag das betroffene Unternehmen durch den Verlust einer verantwortungsbewußten Arbeitskraft vielleicht zum Nachdenken veranlassen. Doch Hand aufs Herz: Idealismus ist meistens nicht angebracht – zumal ja in Unternehmen alle ersetzbar sind. Kündigungen und Abwanderungen nach dem Prinzip »love it or leave it« bleiben praktisch bedeutungslos. Überdies entläßt dieses Davonlaufen die Führungskräfte aus der Pflicht. Unethische Praktiken verstärken sich dann letztlich sogar noch.

Nr. 62: Der Love-it-or-leave-it-Effekt

Die Vorteile eines gedankenlosen Gehorsams liegen für den einzelnen hauptsächlich in der Vermeidung persönlicher Verunsicherung. Der Ärger, den man sich durch ein krampfhaftes »Nurnicht-daran-Denken« im Augenblick erspart, wird allerdings bei regelmäßigen Ausbrüchen später um so größer. Ethische Probleme lösen sich nicht von selbst, indem man sie ignoriert oder aussitzt.

Nr. 63: Der Not-think-about-it-Effekt

Das aktive Mitläufertum (karriereorientierter Opportunisten) ist in der Unternehmenspraxis wohl die bedeutendste und auch die ethisch bedenklichste Grundhaltung. Diese Form der Anpassung an bestehende Verhältnisse wirft die Frage nach der persönlichen Mitverantwortung auf. Die Gruppenmitglieder sollten sich demnach fragen, ob sie durch ihr Handeln die bestehenden (unethischen) Zumutungen lediglich dulden oder diese durch das Mitläufertum nicht auch noch verstärken.

Nr. 64: Go-along-and-get-along-Effekt

Durch heimliche Sabotageakte wird man die eine oder andere unethische Zumutung – zumindest kurzfristig – zum Erliegen bringen können. Als grundsätzlicher Verzicht auf jegliche Argumentation ist Sabotage jedoch unter ethischen Gesichtspunkten abzulehnen. Im übrigen muß davon ausgegangen werden, daß solche Formen der Gewalt mit Gegengewalt beantwortet werden.

Nr. 65: Der Sabotage-Effekt

Im Grundsatz geht es beim heimlichen Verpfeifen darum, unethische Praktiken einem möglichst breiten Publikum zur Kenntnis zu bringen. Dabei haben anonyme Enthüllungen im wesentlichen zwei Vorteile: Sie erzielen eine effektive Wirkung und schützen den Ankläger vor Repressionen. Obwohl dies sicher gelegentlich das einzig probate Mittel gegen ethische Zumutungen sein kann, muß man dem heimlichen »Verpfeifen« skeptisch gegenüberstehen. Auch das heimliche Drohen mit Publizität gegen die eigene Organisation schafft eine Atmosphäre gegenseitiger Verleumdungen und ruft regelmäßig Inquisitionskampagnen hervor, durch die mißliebige Verräter enttarnt werden sollen.

Nr. 66: Der Secretly-blow-the-whistle-Effekt

Ein couragiertes persönliches Eintreten gegen unethische Zumutungen in aller Öffentlichkeit macht einen Ankläger glaubhaft. Er wird eine hohe Resonanz verbuchen können. Dabei besteht für den »Whistle-blower« natürlich die Gefahr, negative Sanktionen bis hin zur Kündigung hinnehmen zu müssen. Es ist nicht klar, ob er letztlich überhaupt eine Veränderung unethischer Praktiken bewirkt. Ohne einen (im Dialog herbeigeführten) Rückhalt im Kollegium werden öffentlich exponierte Ankläger zusammen mit ihren Anliegen nämlich leicht ausgegrenzt; die angegriffene Organisation distanziert sich von dem »Verräter« und verfestigt dabei häufig sogar noch ihre eigenen, unethischen Praktiken.

Nr. 67: Der Publicly-blow-the-whistle-Effekt

Einsame Proteste von einsamen Rufern in der Wüste gegen bestehende Regelungen, die ohne überzeugende Argumente vorgebracht werden, vermögen in aller Regel lediglich das persönliche Befinden des Betroffenen zu verbessern (»Splendid isolation«). Eine Verbesserung bestehender Praktiken vermögen sie nicht zu bewirken, solange der Protestierende einfach umgangen oder gemaßregelt werden kann.

Nr. 68: Der Protest-Effekt

Um ethische Initiativen nicht an den restriktiven Umständen scheitern zu lassen, kann eine schrittweise Überzeugungsarbeit und Konsensbildung in Angriff genommen werden. Diese beruht auf einer Ausweitung argumentativer Verhandlungsprozesse mit betroffenen Kollegen und den relevanten Entscheidungsträgern. Es geht um ein Aufbrechen der vielfach vorherrschenden Befangenheit und Atmosphäre des gegenseitigen Mißtrauens. Gestartet werden muß also im Grundsatz nichts anderes als der Versuch, jene Machtorientierung, die ethische Probleme nicht nur hervorruft, sondern auch deren Lösung nachhaltig behindert, sukzessiv in eine Dialogorientierung zu transformieren; dazu bedarf es im Vorfeld »strategischer Verhandlungsinitiativen«.

Nr. 69: Der Dialog-Effekt

Nielsen, R. P.: What Can Managers do About Unethical Management? In: Journal of Business Ethics, 1987, 309–320.
Nielsen, R. P.: Dialogic Leadership as Ethics Action (Praxis) Method. In: Journal of Business Ethics, 1990, 765–783.

Wann geht das Temperament mit Ihnen durch?

Der griechische Arzt Galen hat die vier Temperamente des Menschen erkannt und benannt: Choleriker, Sanguiniker, Phlegmatiker, Melancholiker.

Der Stein des Anstoßes

Was machen diese vier Temperamente wohl mit einem Stein, der auf einer Wanderung als Hindernis im Weg liegt? Der Choleriker trampelt auf das Hindernis ein – und wirft den Stein in hohem Bogen in die Büsche am Wegrand. Der Sanguiniker hüpft frisch-fröhlich über den Stein hinweg. Der Phlegmatiker geht gelassen am Stein vorbei. Der Melancholiker setzt sich auf den Stein und grübelt, wer und warum er wohl den Stein als Hindernis mitten auf die Straße gelegt haben könnte. Treffender hätte Galen die vier Temperamente nicht beschreiben können.

Wie die Temperamente wirken

H. J. Eysenck hat die vier Temperamente auf den beiden Persönlichkeitsachsen »stabil – labil« und »introvertiert – extrovertiert« ausgemessen und dabei herausgefunden, wie diese auf andere Menschen wirken:
Der »jähzornige« Choleriker agiert labil und extrovertiert. Auf seine Umwelt wirkt er empfindlich, ruhelos, aggressiv, erregbar, launisch, impulsiv, optimistisch, aktiv.

Nr. 70: Der Choleriker-Effekt

Der »heitere« Sanguiniker agiert stabil und extrovertiert: Auf seine Umwelt wirkt er führend, sorglos, lebendig, unbekümmert, ansprechbar, redselig, aufgeschlossen, gesellig.

Nr. 71: Der Sanguiniker-Effekt

Der »kalte« und »beherrschte« Phlegmatiker agiert stabil und introvertiert: Auf seine Umwelt wirkt er ruhig, gleichmäßig, zuverlässig, gesteuert, friedfertig, nachdenklich, sorgfältig, passiv.

Nr. 72: Der Phlegmatiker-Effekt

Der »traurige« Melancholiker agiert labil und introvertiert: Auf seine Umwelt wirkt er verstimmt, ängstlich, rigide, nüchtern, pessimistisch, reserviert, ungesellig, ruhig.

Nr. 73: Der Melancholiker-Effekt

Eysenck, H. J.: Fact and Fiction in Psychology. New York 1965.
Ders.: Gesellschaft und Individuum. München 1978.
Hampden-Turner, C.: Maps of the Mind. London 1981.

Strampeln bis zum »Geht nicht mehr«?

Der Arzt Norman D. Triplett von der Indiana University war schon im Jahr 1897 ein begeisterter Anhänger des Radsports: Mit den »neuen pneumatischen Reifen« erreichten die besten Radrennfahrer bei Strecken über dreißig Meilen eine Durchschnittsgeschwindigkeit von über fünfzig Stundenkilometern!

Mit dem Fahrrad unterwegs

Dynamo (= griechisch) bedeutet ursprünglich Kraft. Der Sportmediziner Triplett leitete aus zahlreichen Wettkämpfen und Gesprächen mit Sportlern den Dynamo-Effekt ab: »Allein schon die körperliche Anwesenheit eines anderen Fahrers stellt für den Rennfahrer instinktiv einen Reiz zur Auslösung des Wettbewerbs dar. Der andere Fahrer stellt ein Mittel zur Freisetzung nervöser Energie dar. Und das Beobachten der Bewegung beim anderen führt zu einer größeren Anstrengung, weil sie eine höhere Geschwindigkeit beim anderen Fahrer vermuten läßt.«

Hobbysportler sind überstimuliert

Im Labor überprüfte Triplett den Dynamo-Effekt. Nach einem ausgeklügelten Versuchsplan mußten Kinder einzeln oder zu zweit Angelschnüre aufrollen. Das Ergebnis: Fünfzig Prozent der Kinder rollten die Angelschnüre in Anwesenheit eines Mitbewerbers erheblich schneller auf. Fünfundzwanzig Prozent wurden nur geringfügig beeinflußt. Und besonders bedeutsam: Weitere fünfundzwanzig Prozent waren überstimuliert, verhedderten sich, rutschten von der Rolle ab, gaben entnervt auf. Letzteres soll übrigens nicht nur bei Kindern, sondern auch bei Erwachsenen – gerade auch bei Hobby-Sportlern – vorkommen …

Dr. Triplett schloß aus den Ergebnissen, daß die körperliche Anwesenheit eines Wettbewerbers, der gleichzeitig am Rennen teilnimmt, der Freisetzung schlummernder (latenter) Energien dient, die normalerweise nicht verfügbar sind.

Nr. 74: Der Dynamo-Effekt

Triplett, N. D.: The Dynamogenic Factors in Pacemaking and Competition. American Journal (of) Psychology, 9, 1897/98, 507–533.

Wir ziehen alle an einem Strick

Ringelmann war Professor für Ingenieurwesen am ehrwürdigen Französischen Nationalinstitut für Agronomie. Er untersuchte von 1882 bis 1887 die »relative Effizienz« der Arbeitsleistung von Ochsen, Pferden, Maschinen und … Menschen in der Landwirtschaft.

Männer mit Muskeln gehen ran

Ringelmann ließ junge Männer entweder alleine oder in Gruppen von zwei, drei oder acht Personen an einem Seil ziehen. Die ausgeübte Kraft wurde mit Hilfe eines sogenannten Dynamometers gemessen. Arbeiteten die Probanden allein, zogen sie mit einer durchschnittlichen Kraft von dreiundsechzig Kilogamm. Bei zwei Männern verdoppelte sich die Zugkraft nicht auf einhundertsechsundzwanzig Kilogramm, drei Männer verdreifachten die Zugkraft auch nicht auf einhundertneunundachtzig Kilogramm! Die Gruppe von zwei Männern zog im Durchschnitt lediglich einhundertachtzehn Kilogramm (acht Kilogramm weniger als zwei Personen alleine gezogen hätten), die von drei Männern nur einhundertsechzig (neunundzwanzig Kilogramm weniger), und die Gruppe von acht Männern blieb gar um zweihundertsechsundfünfzig Kilogramm unter ihrem Potential! Dies bedeutet, daß der Prozeßverlust pro Teilnehmer mit der Gruppengröße wächst. Oder: Je größer die Gruppe, desto größer der Unterschied zwischen tatsächlicher und möglicher (potentieller) Leistung!

Ohne Kraft und Saft?

Warum leisten Einzelpersonen weniger, wenn die Gruppengröße wächst? Zwei Effekte führen zu Leistungseinbußen:

1. Koordinationsverluste beziehen sich auf die Tendenz, daß Gruppenmitglieder nicht zwangsläufig auf dieselbe Richtung hinarbeiten (etwa beim Ziehen an einem Seil) oder, wenn dies doch der Fall ist, daß sie nicht ihre gesamte Kraft in demselben Augenblick einsetzen.

Nr. 75: Der Hühnerhaufen-Effekt

2. Motivationsverluste beziehen sich auf die Tendenz, den anderen die Arbeit zu überlassen, solange der persönliche Beitrag zur Gruppenleistung nicht erkennbar ist. Das einzelne Gruppenmitglied hält insbesondere in größeren Gruppen mit der Eigenleistung ganz oder teilweise zurück (»social loafing« = »soziales Faulenzen«). Wir nennen dies auch Trittbrettfahrer-Effekt, der verschwindet, sobald die Gruppenmitglieder glauben, daß ihr Leistungsbeitrag durch Vergleich mit den Leistungen anderer identifiziert werden kann.

Nr. 76: Der Trittbrettfahrer-Effekt
Der Faulenzer-Effekt

Kravitz, D. A./Martin, B.: Ringelmann Rediscovered – the Original Article. Journal of Personality and Social Psychology, 1986, 50, 936–941.
Steiner, I. D.: Group Processes and Productivity. New York 1972.

Kopieren – ein Volkssport

Gesetzt den Fall, Sie schlendern in einer Stadt durch eine Hauptstraße. Unvermittelt sehen Sie jemanden zu einem Fenster des gegenüberliegenden Gebäudes hinaufstarren? Hand aufs Herz: Sehen Sie auch hinauf? Sehen Sie vielleicht gar noch häufiger oder länger hinauf, wenn nicht nur ein einziger »Neugieriger«, sondern zwei, drei oder mehr Personen hinaufstarren?

Nachahmer kopieren die Neugierigen

Das Ergebnis: Je mehr (vorgeschobene) Neugierige beieinander stehen und zum Fenster des Gebäudes auf der gegenüberliegenden Straßenseite hinaufsehen, desto mehr Fußgänger ahmen das »Hinaufstarren« nach.
Wichtig ist die Anzahl der Neugierigen: Bleibt ein einzelner Mensch stehen und starrt zu einem Fenster auf der anderen Straßenseite hinauf, so schauen vierzig Prozent der Passanten hoch, jedoch nur vier Prozent bleiben stehen, um mit hinaufzuschauen. Falls etwa fünfzehn neugierige Personen nach oben starren, dann schauen achtzig Prozent der Passanten ebenfalls zum Fenster hoch und bleiben vierzig Prozent der Passanten gar stehen, um zu sehen, was dort vor sich geht. Die nachahmenden »Wunderfitze« kopieren die Neugierigen in der Masse.

Nr. 77: Der Kopie-Effekt
Der Wunderfitz-Effekt

Milgram, S./Bickman, L./Berkowitz, L.: Note on the Drawing Power of Crowds of Different Size. Journal of Personality and Social Psychology, 1969, 13, 79–82.

Kapitel 9
Menschen sind so dominant

Führungsstile zum Fluch oder zum Segen?

Welche Wirkungen erzeugen die drei Führungsstile »demokratisch«, »autoritär« und »Laisser-faire« bei Kindern, die in Gruppen Tonmasken und Modellflugzeuge basteln?

Der demokratische Führungsstil: Entscheidungen werden von der Gruppe gefällt, unter Anregung und Betreuung des Leiters. Holen sich die Kinder bei ihm Rat ein, schlägt er gewöhnlich verschiedene Lösungswege vor. Die Mitglieder können zusammenarbeiten. Der Leiter führt selbst keine Bastelarbeiten aus. Er lobt und kritisiert möglichst differenziert.

Der autoritäre Führungsstil: Alle Entscheidungen fällt der Leiter. Er bestimmt nicht nur die Abfolge der Arbeitsschritte, sondern legt auch fest, wer mit wem arbeitet. Er lobt und kritisiert einzelne Kinder, ohne dafür Gründe zu nennen. Sein Auftreten ist alles andere als persönlich.

Der Laisser-faire-Führungsstil: Der Leiter hält sich vom Gruppengeschehen möglichst fern. Er stellt nur das Bastelmaterial zur Verfügung. Anregungen gibt er nur auf Anfrage der Kinder.

Welche Ergebnisse konnten die Forscher beobachten?

»Streitigkeiten und Schlägereien«: In der autoritär geführten Gruppe kamen dreißigmal soviel Streitigkeiten und achtmal soviel Schlägereien vor wie in demokratischen Gruppen.

Nr. 78: Der Faustschlag-Effekt

»Wir-Gefühl«: Kinder in demokratischen Gruppen äußerten zweimal soviel »Wir«-Gefühle wie in autoritären Arbeitsgruppen.

Nr. 79: Der Wir-Gefühl-Effekt

»Nachgiebigkeit gegenüber dem Leiter«: Mitglieder autoritärer Gruppen waren gegenüber ihrem Leiter zehnmal nachgiebiger, gehorsamer, folgsamer als Mitglieder demokratischer Gruppen.

Nr. 80: Der Strammstehen-Effekt

»Sündenbock«: Die Kinder autoritärer Gruppen stempelten ein Mitglied sehr schnell zum Sündenbock für alle und alles, um ihre Aggression an diesem Prügelknaben los- und abzulassen. Und: Bei »Laisser-faire« wurde fast die gleiche Häufigkeit von aggressivem Verhalten wie in der autoritär geführten Gruppe festgestellt.

Nr. 81: Der Sündenbock-Effekt

»Arbeitsleistung«: Die Arbeitsleistung unter autoritärer Führung war gegenüber der unter demokratischer Führung geringfügig besser, miserabel war die Arbeitsleistung der »Laisser-faire«-Gruppe.

Nr. 82: Der Performance-Effekt

»Kreativität«: Am einfallsreichsten wurden die Spielmasken unter demokratischer Führung: Demokratie belebt Kreativität!

Nr. 83: Der Ideen-Effekt

Lewin, K./Lippitt, R./White, R. K.: Patterns of Aggressive Behavior in Experimentally Created »Social Climates«. Journal of Social Psychology, 1939, 10, 271–299.
Lewin K.: Die Lösung sozialer Konflikte. Bad Nauheim 1953.

Niemand ist so abhängig wie der Chef

Fast gleichaltrige Mädchen und Jungen werden in einem Kindergarten in zwölf Gruppen zusammengestellt. Diese Gruppen entwickeln durch ihr gemeinsames Spiel feste Gewohnheiten und ein ausgeprägtes Zusammengehörigkeitsgefühl – kurzum: eine eigene Kultur. Erst jetzt wird jeder Gruppe eigens ein »Führer« zugeteilt. Bei diesen Führern handelt es sich um ältere Kinder, die sich in früheren Spielgruppen bereits als aktive und dominante Leiter hervorgetan haben. Übernehmen diese Leiter in den neuen Gruppen ebenfalls die Führung?

Die Gruppe saugt den Leiter auf

Verblüffend ist das Ergebnis: Nicht der Leiter bestimmt das Gruppenleben. Es ist die Gruppe mit ihren herkömmlichen Normen und Regeln, die den Leiter – einem Schwamm gleich – aufsaugt. Im Grunde stellt die Gruppe den Leiter vor die Wahl: Entweder nimmt er die Gewohnheiten der Gruppe an – oder er bleibt erfolglos.

Die »Homanssche« Führungsregel

George Caspar Homans bringt diese häufig beobachtete Abhängigkeit des Leiters von den Geführten in die Form einer Regel, bekannt als »Homanssche« Führungsregel: »Der Leiter erlangt nur dann Einfluß, wenn er sich den Gewohnheiten und Verhaltensregeln seiner Gruppe strenger unterwirft als jedes andere Gruppenmitglied. Der Leiter ist nicht die freieste, sondern die am wenigsten freie Persönlichkeit in seiner Gruppe.« Ganz offensichtlich muß der Leiter so sein »wie wir alle«. Nur dann halten ihn Gruppen für geeignet, Gruppenanliegen zu verstehen und Gruppenziele in Angriff zu nehmen. Das ist die Wahrheit, die halbe Wahrheit. Denn so überspitzt, wie Homans die Abhängigkeit des Leiters von der Gruppe darlegt, vermag die Regel die diversen Formen von Führungsmißbrauch – Ver-Führung des Ver-Führten – nicht zu erklären!

Nr. 84: Der Saugschwamm-Effekt

Merei, F.: Group Leadership and Institutionalization. Human Relations, 1949, 2, 23–29.
Homans, G. C.: The Human Group. New York 1950.

Warum der Chef seinen Tick haben darf

Ein richtiger Chef muß in den Augen seiner Leute in der Lage sein, etwas zu tun, was die Geführten nicht ohne weiteres selbst tun können. Hat der Chef dieses Plus erworben und erkennt die Gruppe dieses gewisse Etwas an, räumt sie ihrem Chef größere Freiheiten für sein Handeln ein als anderen Gruppenmitgliedern. Die Gruppe gewährt dem Chef so etwas wie Kredit für neue, für überraschende und vielleicht zunächst unverständliche Verhaltensmuster, die von der Gruppennorm abweichen dürfen.

Der Chef mit einem gewissen Etwas

Edwin P. Hollander verdeutlicht diesen Vorgang mit seinem furchtbar komplizierten Begriff des »Idiosynkrasie-Kredits«. Kredit steht für das Vertrauen in die Fähigkeit und die Bereitschaft des Chefs, bestehende Verbindlichkeiten wie das Überleben von Unternehmen oder die Absicherung von Arbeitsplätzen im Sinne der Gruppe ordnungs- und zeitgemäß zu begleichen. Idiosynkrasie hat nicht zwangsläufig mit idiotischen Chefs zu tun. Idiosynkrasie bezeichnet einzig die persönlichen Eigenarten der Chefs, ihre Ticks, Macken und Schrullen. Vielleicht – so denken viele Gruppenangehörige –, vielleicht hat es einen tieferen Sinn und höheren Nutzen für uns, daß sich der Chef so eigenartig (non-konform) verhält.

Ticks, Macken und Schrullen gibt es nicht nur in kleinen Gruppen. Auch in größeren gesellschaftlichen Gebilden gestehen Menschen den Führern persönliche Eigenarten zu.

Nr. 85: Der Tick-Effekt
Der Leader-Effekt

Hollander, E. P.: Leaders, Groups and Influence. New York 1964.

Warum Aufsteiger wieder absteigen

In Cornerville, einem Slumviertel im Norden Bostons, wohnten vorwiegend arme Einwanderer. Für die arbeitslosen Jugendlichen war die »Gang«, die aus dreizehn jungen Männern bestand, wichtiger als die Familie oder der Job.

Nach Rang und Stand

Sportliche Aktivitäten wie Baseball oder Kegeln hatten in der Gruppe große Bedeutung. Der Status der Gruppenmitglieder entsprach daher in etwa den sportlichen Fähigkeiten. Erzielte ein wenig angesehenes Mitglied bei einem sportlichen Wettbewerb höhere Leistungen, als es dem Status entsprach, reagierten die anderen selten mit Bewunderung und Anerkennung, sondern eher mit Spott und Bestrafung, so daß schließlich die Leistung dieses »Aufsteigers« wieder auf den standesgemäßen Rangplatz sank. Ganz offensichtlich verpflichtet Status zu einem stets standesgemäßen Verhalten.

Rivalität hängt vom Status ab

Als Rivalen empfanden die Jugendlichen vor allem andere Jugendliche mit benachtbartem Status. Nicht so sehr als Rivalen sahen sie solche Gruppenmitglieder an, die weit angesehener oder weit unbeliebter waren als sie selbst.

Nr. 86: Der Status-Effekt

Whyte, W. F.: Street Corner Society: The Social Structure of an Italian Slum. Chicago 1943, University of Chicago Press.

Nur ein kleines Rädchen im großen Räderwerk?

Diensthabende Krankenschwestern verschiedener Krankenhäuser erhielten den Telefonanruf eines Arztes, dem sie nie persönlich begegnet waren. Der Arzt nannte seinen Namen und gab vor, vor einigen Stunden im Krankenhaus gewesen zu sein, um einen Patienten zu untersuchen. Er käme später zurück, wolle aber, daß der Patient in der Zwischenzeit ein bestimmtes Medikament bekäme. Der Arzt bat die Krankenschwester, im Medizinschrank nachzusehen, ob das Medikament »Astroten« vorrätig sei. Die Schwester sah nach und fand eine Packung mit der Aufschrift: »Astroten, 5 mg Kapseln, Durchschnittsdosis 5 mg, Höchstmenge täglich 10 mg«.
Als die Schwester zum Telefon zurückkehrte, ordnete der Arzt an, sie solle dem Patienten zwanzig Milligramm geben; er würde die Anweisung später unterschreiben, das Medikament aber solle sofort verabreicht werden. *Fünfundneunzig Prozent der Schwestern verabreichten das Medikament!*
Dabei widersprach die Aufforderung des Arztes verschiedenen Krankenhausregeln. Nicht nur, daß die verschriebene Menge das Doppelte der täglichen Höchstmenge war – es ist zudem nicht erlaubt, medizinische Anordnungen per Telefon zu geben oder entgegenzunehmen. Astroten stand außerdem nicht auf der Medikamentenliste des Krankenhauses und wurde von jemandem verschrieben, den die Schwester nicht einmal kannte.

Nr. 87: Der Götter-in-Weiß-Effekt

Brandt, U./Köhler, B.: Konformität. In: Graumann, C. F.: Handbuch der Psychologie, VII/2, 1972.
Crutchfield, R. S.: Conformity and Character. American Psychologist, 1955, 191–198.

Wie Sie sich ins rechte Licht rücken

Schon Niccolò Machiavelli (1469–1527) hat in seinem klassischen Werk »Il Principe« (»Der Fürst«) darüber nachgedacht, wie man sich um der Macht willen am besten ins rechte Licht rückt. Nach Machiavelli steuern Sie den eigenen Eindruck auf andere am wirkungsvollsten, wenn Sie stets das und nur das erzählen, was die anderen hören möchten.

Reden nach anderer Leute Mund

In Tests sollten niedrige, mittlere und gehobene »Machiavellisten« tausend Dollar unter sich aufteilen. Jeweils drei Männer nahmen an den Gesprächen teil. Jedem Probanden stehen dreihundertdreiunddreißig Dollar und dreiunddreißig Cents zu. Probanden mit einem hohen Wert auf der Machiavellismus-Skala – sie sprachen gerne nach anderer Leute Mund – verbuchten im Durchschnitt fünfhundertsiebenundfünfzig Dollar für sich, die mittleren Machiavellisten noch dreihundertvierzehn und die niedrigen nur hundertneunundzwanzig Dollar! Die Welt – ein Paradies für Machiavellisten!

Nr. 88: Der Machiavelli-Effekt

Christie, R./Geis, F. L.: Studies in Machiavellianism. New York 1970.

Medien – ohnmächtig oder allmächtig?

Hinter dem Werther-Effekt steckt Johann Wolfgang von Goethe, der vor über zwei Jahrhunderten »Die Leiden des jungen Werther« veröffentlichte. Der Roman, in dem Werther Selbstmord begeht, hat ebenso beklemmende wie bemerkenswerte Auswirkungen. Nicht nur, daß er Goethe auf einen Schlag europaweit berühmt machte, er löste auch eine Welle von Nachahme-Selbstmorden aus, die über ganz Europa schwappte. So stark war dieser Effekt, daß der Roman zeitweise verboten wurde.

Beklemmend

Der Werther-Effekt existiert auch in der modernen Mediengesellschaft, was sich anhand der US-Suizidstatistiken belegen läßt. In den ersten beiden Monaten nach einem Zeitungsbericht über eine Selbsttötung nehmen sich im Einzugsgebiet der jeweiligen Zeitung durchschnittlich achtundfünfzig Menschen mehr das Leben als sonst! Gewissermaßen kostet jede Selbstmord-Story auf dem Titelblatt achtundfünfzig Menschen das Leben, wobei leicht zu beeinflussende und zur Nachahmung bereite Teenager die größte Gruppe unter den Opfern bilden. Die Gefahr für Selbstmorde ist nicht unmittelbar nach der Veröffentlichung des Zeitungsberichts, sondern drei bis vier Tage später am größten: Der durchschnittliche Selbstmörder wartet häufig einige Tage, ehe er zur Tat schreitet – vielleicht weil ihm der Mut fehlt, weil er das Unglück erst planen muß oder weil er vorher seine Angelegenheiten in Ordnung bringen will.
Bestimmt haben nicht nur Zeitungsmacher, sondern auch Fernsehmacher Grund, sich Gedanken über die Auswirkungen der Darstellung von Suiziden zu machen.

Nr. 89: Der Werther-Effekt

Phillips, D.: The Influence of Suggestion on Suicide: Substantive and Theoretical Implications of the Werther Effect. American Sociological Review, 1979, 84, 1150–1174.

Wie Wünsche sich von selbst erfüllen

Pygmalion, der sagenhafte König von Kypros (Zypern), verliebte sich in das nach seinem Frauenideal geschaffene Standbild einer

Jungfrau. Pygmalion bat die griechische Göttin Aphrodite, die Frauenstatue zum Leben zu erwecken. Aphrodite hatte ein Einsehen mit Pygmalions Liebe, und Pygmalion nahm die Erweckte – so berichtet uns Ovid – zur Gemahlin.

Die sich selbst erfüllende Prophezeiung

Von einer sich selbst erfüllenden Prophezeiung spricht man dann, wenn das, was man für wahrscheinlich hält oder erwartet, auch eintritt.
Beispiel aus dem Banking: Allein die Erwartung der Bankkunden, daß ihre Bank vor dem Zusammenbruch steht, kann tatsächlich einen Bankzusammenbruch nach sich ziehen, wenn viele Kunden aufgrund ihrer Erwartung versuchen, ihr Geld gleichzeitig abzuheben.
Sich selbst erfüllende Prophezeiungen sind demnach wirklichkeitsbezogene Vorstellungen, die auf die Zukunft gerichtet sind und von denen der Erwartende überzeugt ist, daß sie durch die nachfolgende Ereignisentwicklung bestätigt werden. Es handelt sich eigentlich um sich selbst erfüllende Erwartungen.

Nr. 90: Der Pygmalion-Effekt

Merton, R. K.: Social Theory and Social Structure. New York 1957.

Verstärken Sie den Partner – das stärkt Sie!

Der Versuchsleiter bittet eine Versuchsperson: »Nennen Sie alle Worte, die Ihnen einfallen. Nennen Sie die Worte einzeln. Verwenden Sie keine Sätze oder Redewendungen. Hören Sie erst auf, wenn ich ›halt‹ sage. Bitte fangen Sie an.«

Die Versuchsperson nennt beliebige Worte	*Was die Versuchsperson nicht weiß: Der Versuchsleiter verstärkt alle Worte in der Mehrzahl (Plural) mit einem Kopfnicken (Ja)*
Haus	
Schule	
Buch	
Gehen	
Lesen	
Studenten	*Ja*
Dozenten	*Ja*
Tür	
Auto	
Leute	*Ja*
Polizisten	*Ja*
Schulkinder	*Ja*

Jedesmal wenn die Person ein Wort in der Mehrzahlform (Plural) nannte, anerkannte und bekräftigte der Versuchsleiter dies mit einem Kopfnicken.

Greenspoon fand heraus, daß die Anzahl der Pluralworte im Laufe des Versuchs zunahm. Wir müssen also annehmen, daß Menschen ihr verbales Verhalten auch *unbewußt* ändern, wenn sie nur zum richtigen Zeitpunkt belohnt, verstärkt werden. Wird der Verstärker – in unserem Beispiel das Kopfnicken – in anerkennendem und lobendem Sinne wahrgenommen, verändern die Versuchspersonen ihr Verhalten unbewußt in Richtung des vom Versuchsleiter gewünschten Verhaltens!

Ein Lob zur rechten Zeit

Es gelang, sprachliches Verhalten durch minimale verbale Verstärkung – ein Lob zur rechten Zeit – zu steuern. Dieser Steuerungsvorgang der Verstärkung heißt »verbale Konditionierung« oder »operantes Konditionieren«. Als Verstärker eignen sich sehr viele Stimuli: ein Kopfnicken ohnehin, außerdem Äußerungen wie »gut«, »richtig«, »genau«, »mmm-hmm« oder ganz einfach ein Lächeln.

Nicht zu unterschätzen ist das Verhältnis zum Versuchsleiter. Wenn der Versuchsleiter den Versuchspersonen vor dem Versuch den Eindruck vermittelt, sie würden aufgrund ihrer Persönlichkeitseigenschaften gut zum Versuchsleiter passen, stieg der Konditionierungseffekt.

Nr. 91: Der Verstärker-Effekt

Greenspoon, J. T.: The Reinforcing Effect of Two Spoken Sounds on the Frequence of Two Responses. American Journal of Psychologie, 1955, 68, 409–416.

Spielberger, C. D./Levin, S. M.: What is Learned in Verbal Conditioning? Journal of Verbal Learning and Verbal Behavior, 1962, 1, 125–132.

Thorndike, E. L./Rock, R. T.: Learning Without Awareness of What is Being Learned. Journal of Experimental Psychology, 1934, 17, 1–19.

Überfallartig – wie ein Blitz aus heiterem Himmel

Überraschen Sie ihr Gegenüber – und Sie erzielen prompt Willfährigkeit (»Compliance«). Menschen, die von einer Bitte überrascht werden, sind oft deshalb willfährig, weil sie im Augenblick der Überraschung verunsichert und daher leicht zu beeinflussen sind. Benutzer einer U-Bahn waren doppelt so häufig bereit, einer Person den Sitzplatz zu überlassen, die sie überraschend mit den Worten angesprochen hatte: »Entschuldigen Sie bitte, könnte ich wohl Ihren Platz haben?«, als wenn sie dadurch vorgewarnt waren, daß die Person zuvor einem anderen Fahrgast gegenüber angekündigt hatte, daß sie jemanden um seinen Sitzplatz bitten wolle. Ohne Vorankündigung überließen sechsundfünfzig Prozent der überraschten und überrumpelten Passagiere willfährig ihren Sitzplatz, mit Vorankündigung nur achtundzwanzig Prozent!

Nr. 92: Der Compliance-Effekt

Milgram, S./Sabini, J.: On Maintaining Norms. A Field Experiment in the Subway. New York 1975.

Kapitel 10
Menschen sind so aggressiv

Druck oder Überdruck?

Aggression ist unvermeidlich. Nur sollte unter uns Menschen die kontrollierte Abfuhr der Aggression möglich sein. Diese Grundannahme entspricht dem hydraulischen Energiemodell eines Dampfkessels: Bei ununterbrochenem Zufluß von Wasserdampf muß ständig Dampf abgelassen werden. Falls die geregelte Dampfabfuhr blockiert wird, kommt es zu einem Überdruck und schließlich zu einem spontanen Entweichen von Dampf, was sich im Umgang unter Menschen in Attacken, Angriffen, Schimpftiraden, Ausfälligkeiten, Raufereien und Schlägereien äußert. Nicht alle lassen Druck und Überdruck aktiv ab, gelegentlich reicht schon die passive Beteiligung an aggressiven Sportarten wie Boxen und Ringen (»Katharsis«). Merke: Aggression ist unvermeidlich, die kontrollierte Abfuhr ist möglich.

Nr. 93: Der Dampfkessel-Effekt

Lorenz, K.: Das sogenannte Böse. Wien 1963.

Freundschaft nach innen, Feindschaft nach außen

Bringen wir es – sehr geehrte Leserin, sehr geehrter Leser – hinter uns. Ich muß Sie enttäuschen. Und ich muß Sie ernüchtern: Die Freundschaft in einer Gruppe ist am stärksten, wenn die Feindschaft nach außen am größten ist! Das oft verklärte Gruppenleben erkauft sich Freundschaft nach innen allzuoft mit Feindschaft nach außen.

Anfeindungen erzeugen ein Wir-Gefühl

In einem Jugendlager lernten sich US-Boys aus gesicherten Verhältnissen des amerikanischen Mittelstands im Alter von zwölf

Jahren in abgeschiedener und hügeliger Gegend mit Wäldern und Flüssen kennen.

1. Phase: Freundschaft mit Trennungsschmerz

Bei Sport und Spiel lernten sich die Jungen besser kennen. Sie gingen kameradschaftliche Beziehungen ein. Nach drei Tagen wurde jeder Junge gefragt, wer sein bester Freund sei. Dann wurden die Jungen so auf die Schlafräume verteilt, daß sich über zwei Drittel ihrer besten Freunde in dem anderen Schlafraum befanden. Die besten Freunde wurden also voneinander getrennt.

2. Phase: Freundschaft völlig verändert

Um den Trennungsschmerz schnell zu überwinden, unternahmen die Lagerleiter mit den beiden Gruppen getrennt eine Nachtwanderung mit Übernachtung unter freiem Himmel – ein Abenteuer, das sich alle Kinder gewünscht hatten. Sehr schnell entwickelten die beiden Gruppen ihre eigenen Aufgaben- und Rollenverteilungen. Sie legten sich selbst Namen zu – »Bull Dogs« (Bulldoggen) und »Red Devils« (Rote Teufel). Beide Gruppen hielten ihre Bade- und Angelstellen geheim. Sie malten sich die Gruppenzeichen auf ihre Hemden. Nach fünf Tagen bezeichneten fünfundneunzig Prozent der Red Devils und achtundachtzig Prozent der Bull Dogs die Gruppenmitglieder als ihre Freunde. Gegenüber der ersten Phase hatten sich die Freundschaftsbeziehungen also fast völlig verändert.

3. Phase: »Bull Dogs« und »Red Devils« bekämpfen sich

Ausgesprochene Spannung und Feindseligkeit zwischen den beiden Gruppen gab es jedoch erst, als sie in Spielen und Wettbewerben, wie zum Beispiel Tauziehen, zusammengeführt und auf Kosten der jeweils anderen Gruppe einen Preis gewinnen konnten. Die Gruppe mit den höchsten Punktzahlen sollte schließlich zwölf Taschenmesser bekommen – für jedes Mitglied eines. Hatten die »Bull Dogs« und die »Red Devils« die Wettkämpfe noch fair begonnen, so dauerte es nicht lange, bis sie sich gegenseitig als Lügner und Schmutzfinken bezeichneten. Beim Mittagessen kam es in der Warteschlange zu Raufereien zwischen den Gruppen.

Die Kinder bewarfen sich mit Speiseresten. Und ein Leiter mußte eingreifen, als ein Junge sein Messer zückte. Es kam zu nächtlichen Überfällen, die selbstgefertigte Flagge der gegnerischen Partei wurde geraubt und verbrannt. Ein Junge, der als Friedensstifter bei der anderen Gruppe auftauchte, mußte in einem Hagel grüner Äpfel flüchten.

Die Konflikte zwischen den »Bull Dogs« und den »Red Devils« nahmen so schnell beängstigende Ausmaße an, daß man das Experiment abbrechen und nach Wegen suchen mußte, um die Gruppen wieder zu integrieren. Tatsächlich waren das Wir-Gefühl und die Gruppensolidarität dann am stärksten, als die Anfeindung der anderen Gruppe am größten war.

Ein erfolgversprechender Ausweg

Welchen erfolgversprechenden Weg gibt es, um die »Bull Dogs« und die »Red Devils« von der Feindschaft zurück zur Freundschaft zu führen? Der Weg führt nicht über sachliche Mitteilungen von einer Gruppe zur anderen. Der Weg führt auch nicht über Verhandlungen zwischen den Leitern. Der erfolgversprechende Weg führt allein über die Schaffung und Anerkennung übergeordneter Ziele!
Harmonie zwischen rivalisierenden Gruppen erreichen wir selten durch Aufklärung, Propaganda und soziale Kontakte. Erfolgversprechender als viele Kulturprogramme und »internationale Kontakte« ist folgender Weg: Es müssen übergeordnete Ziele geschaffen werden, die von beiden Gruppen als erstrebenswert und dringend angesehen werden und die nur von beiden Gruppen in gemeinsamer Anstrengung erreicht werden können.

Übergeordnete Ziele gemeinsam anstreben

Nur wenn die »Bull Dogs« und die »Red Devils« übergeordnete Ziele anstreben, die nicht von einer Gruppe mit ihren Kräften und Fähigkeiten allein erreicht werden können, arbeiten beide Gruppen zusammen, um dieses Ziel zu erreichen.

4. Phase: Übergeordnete Ziele und gemeinsame Anstrengung

Eine natürliche und zwingende Zielsetzung ergab sich aus einem (von der Lagerleitung manipulierten) Zusammenbruch der Wasserversorgung. Zur Behebung dieser Notsituation war die Hilfe aller erforderlich. Außerdem blieb der Versorgungslastwagen des Lagers im Schlamm stecken und konnte nur wieder in Gang kommen, wenn beide Gruppen gemeinsam ihn an einem Seil – an demselben Seil, das sie beim erbitterten Tauziehen benutzt hatten – aus dem Schlamm zogen. Oder: Beide Gruppen mußten ihr Geld zusammenlegen, um einen beliebten Film zur Vorführung im Lager ausleihen zu können. Indem die Gruppen gemeinsame Aufgaben bekamen, zu deren Lösung Zusammenarbeit unabdingbar war, kam es zu einer raschen Abnahme der Feindseligkeiten, wobei der Kontakt zwischen den beiden Gruppen gleichzeitig zunahm. Nach und nach verringerte diese Reihe von Ereignissen und gemeinsamen Notsituationen den Konflikt zwischen den Gruppen. Die Beschimpfungen wurden seltener. Und es entwickelte sich eine Freundschaft über die Gruppengrenzen hinweg. Bei bunten Abenden wechselten sich die Gruppen in ihren Darbietungen ab. Die Heimreise traten die Jungen auf gemeinsamen Beschluß nicht in getrennten Bussen, sondern in einem Bus an.

Zwischen Gruppen können zum einen Wettstreit und Feindseligkeiten vermindert, zum anderen Zusammenarbeit gefördert werden, wenn es gelingt, die Gruppen zur Erreichung übergeordneter Zielsetzungen zusammenzubringen – unter der Voraussetzung, daß die gemeinsame Anstrengung zur Lösung der Aufgabe und damit zur Zielerreichung führt. Ist dies nicht der Fall, kann der Mißerfolg den Konflikt sogar verschärfen, anstatt Spannung abzubauen.

Kleine und große Kinder lernen Aggressivität

Fazit: Die Aggressivität zwischen Gruppen ist nicht, wie so oft behauptet, das Ergebnis »natürlichen Triebes«. Freundschaft und Feindschaft sind Verhaltensweisen, die kleine – und große – Kinder lernen: die erste Freundschaft (1. Phase) ebenso wie die zweite, völlig veränderte Freundschaft (2. Phase), die Feindschaft zwischen Gruppen (3. Phase) ebenso wie die Freundschaft zwischen Gruppen (4. Phase).

Nr. 94: Der Aggressivitäts-Effekt
Der Freund-Feind-Effekt

Sherif, M./Sherif, C. W.: Social Psychology. New York 1969.

Lieber einen Mercedes als einen VW Käfer?

Sie fahren abends um siebzehn Uhr dreißig im Stoßverkehr auf eine Straßenkreuzung zu. Die Ampel schaltet auf Rot. Sie halten den Wagen an. Sie sind der erste in der Kolonne, die vor der Ampel wartet. Nun schaltet die Ampel auf Grün. Sie fahren bewußt nicht los. Während der gesamten Grünphase bleiben Sie stehen – und beobachten das Auto unmittelbar hinter sich, also das zweite Auto in der Kolonne.

Auf Frustration folgt Aggression

Auf Frustration (Behinderung des nachfolgenden Wagens durch Nichtanfahren bei Grün) folgt Aggression (Hupen des Nachfolgewagens): Neunzig Prozent der Fahrzeuglenker des Nachfolgewagens betätigen ihre Hupe.
Entscheidend für das Ausmaß der Aggression ist das Prestige oder der Status des Automobils, das bei Grün nicht anfährt. Bei einem alten und dreckigen VW Käfer – wir unterstellen einen geringen Status – dauert es nach dem Umschalten der Ampel von Rot auf Grün im Durchschnitt nur gerade 3,7 Sekunden bis zum ersten Hupen des Nachfolgewagens. Bei einer niegelnagelneuen Mercedes-Limousine vergehen bis zum ersten Hupen im Durchschnitt immerhin 5,1 Sekunden. Der Fahrzeuglenker eines nachfolgenden

Wagens hupt schneller, verhält sich also schneller aggressiv, wenn ein VW Käfer (geringer sozialer Status) bei Grün stehenbleibt, als wenn ein Mercedes (hoher sozialer Status) das Hindernis darstellt.

Nr. 95: Prestige-Effekt

Zorn, S.: Autofahrer-Vorurteile und aggressives Hupen an Straßenkreuzungen. Frankfurt 1973.

Dann erhitzen sich die Gemüter!

Zu den Umweltbedingungen zählt die Temperatur. Viele Hinweise sprechen dafür, daß bei hohen Temperaturen häufiger Gewalttaten ausgelöst werden als bei niedrigen. So fielen in den Jahren 1967 bis 1971 nachweisbar viele Rassenunruhen auf sehr heiße Tage. Die relative Anzahl von Unruhen war im Temperaturbereich von dreiunddreißig bis achtunddreißig Grad Celsius höher als im Bereich von siebenundzwanzig bis zweiunddreißig Grad Celsius.

In Houston, Texas, nahm die Häufigkeit von gewalttätigen Verbrechen mit der Temperatur zu – insbesondere Frauen wurden häufiger geschlagen und vergewaltigt. Die meisten Gewaltverbrechen wurden bei Temperaturen von fünfunddreißig Grad Celsius verübt.

Gemäß US-Verbrechensstatistik ereignen sich in den wärmeren Jahreszeiten Frühling/Sommer mehr Gewalttaten als im Herbst/Winter.

Nr. 96: Der Temperatur-Effekt

Carlsmith, J. M./Anderson, C. A.: Ambient Temperature and the Occurence of Collective Violence. Journal of Personality and Social Psychology, 37, 1979, 337–344.

Bei wem sehen Sie rot?

Wenn jemand merkt, daß man ihn zu einer Einstellungsänderung überreden will, so wird er sich in seiner Freiheit bedroht fühlen und daher nicht sofort auf die angebotenen Botschaften und Meinungen eingehen.
Forscher haben festgestellt, daß entsprechende Mitteilungen erst mit einer zeitlichen Verzögerung – wenn die Person keine Freiheitsbedrohung mehr spürt – eine Einstellungsänderung in der vom Sender beabsichtigten Richtung bewirken können, falls die Rahmenbedingungen der Überredungssituation – namentlich der Sender, der Kommunikator, die Quelle – negativ bewertet wurden.
Fazit: Selbst negativ bewertete Quellen dürfen kommunizieren in dem Bewußtsein, daß sie auf Empfänger, für die sie ein rotes Tuch sind, mittelfristig doch wirken.

Nr. 97: Der Sleeper-Effekt

Cook, T. D./Campbell, D. T.: Quasi-Experimentation. Chicago 1979.
Witte, E.: Lehrbuch Sozialpsychologie. Weinheim 1994.

Ein Witzchen in Ehren?

Nach Sigmund Freud müßten sich harmlose Witze, deren Wirkung ausschließlich auf einem gelungenen Sprachspiel beruht, unterscheiden lassen von sogenannten (tendenziös) aggressiven oder (tendenziös) sexuellen Witzen.

Witze – sauber oder schmutzig?

Beispiel für einen harmlosen Witz:
Ein kleiner Igel hat sich im Gewächshaus verirrt und sucht ver-

zweifelt den Heimweg. Immer wenn er an einen Kaktus stößt, fragt er leise: »Bist du es, Mami?«

Beispiel für einen (tendenziös) aggressiven Witz:
Ein Großwildjäger bekommt Besuch. Stolz zeigt der Hausherr die zahllosen Jagdtrophäen an den Wänden. »Sagen Sie mal, da hängt ja der Kopf von einer Frau, und die lacht auch noch!?« – »Ja, ja, das ist meine Schwiegermutter. Bis zum letzten Moment hat sie geglaubt, sie werde fotografiert.«

Beispiel für einen (tendenziös) sexuellen Witz:
Eine alleinstehende Dame macht eine Schiffsreise in die Karibik. An Bord geht sie auf einen Mann in Uniform zu und fragt: »Verzeihen Sie, sind Sie der Kapitän?«
»Nein, meine Dame, ich bin hier der Deckoffizier.«
Errötend entfernt sie sich und murmelt: »Die denken hier aber auch an alles!«

Der Witz an der Sache

Die Urteile über Witze fallen nach Alter und Geschlecht sehr unterschiedlich aus. Was ein guter oder gelungener Witz ist, entscheidet ohnehin der Empfänger – und kaum je der Erzähler.

Alter: Ältere Befragte schätzen harmlose Witze im Vergleich zu jüngeren als »witziger« ein. Hingegen erzielen (tendenziös) aggressive und (tendenziös) sexuelle Witze bei jüngeren Befragten einen höheren Lacheffekt.

Geschlecht: Hinsichtlich harmloser Witze unterscheiden sich die Lacheffekte bei den Frauen und Männern so gut wie gar nicht. An harmlosen Witzchen erfreuen sich beide Geschlechter. Allerdings finden Männer (tendenziös) aggressive und (tendenziös) sexuelle Witze eindeutig besser als Frauen. Diese geschlechtsbedingten Unterschiede gehen so weit, daß die weibliche Gruppe die harmlosen Witze gelungener als die sexuellen findet, während es bei den Männern genau umgekehrt ist.

Anleitung zum zielgruppengerechten Witzeerzählen

Sind Männer – besonders auch jüngere – anwesend, liegt ein sexueller Witz nicht nur in der Luft. Er kommt vermutlich gar besser an als harmlose oder aggressive Witze. Gehören Frauen und ältere Menschen zur Zuhörerschaft, läßt es sich – und das ist kein Witz! – zu einem harmlosen Witzchen raten.

Nr. 98: Der Witz-Effekt

Freud, S.: Der Witz und seine Beziehung zum Unbewußten. Gesammelte Werke, Band VI, Frankfurt 1905.

Köhler, T./Bode, K./Böttcher, S.: Zur Beurteilung von Witzen und deren Abhängigkeit von Alter und Geschlecht. Zeitschrift für Differentielle und Diagnostische Psychologie, 1995, 43–49.

Kapitel 11
Menschen sind so attraktiv

Spieglein, Spieglein an der Wand ...

Die Mädchen, die an den »Miss Universum«-Wahlen teilnehmen, tragen zweifelsfrei allesamt als schön empfundene Gesichter zur Schau. Forscher – ich beneide sie – durften die Gesichter dieser Mädchen vermessen.

Frauen wie im Märchen

Und siehe da. Die Forscher fanden Schlüsseleigenschaften eines idealen Frauengesichts*:

Die Augen sind groß und weit.
Der Abstand zwischen den Augen beträgt ein Drittel der Gesichtsbreite auf dieser Höhe.
Die Augenbrauen sind hoch.
Der Abstand zwischen der Pupillenmitte und der Augenbraue beträgt ein Zehntel der Höhe des Gesichts.
Die Pupillen sind so groß, daß sie ein Vierzehntel der Gesichtshöhe umfassen.
Die Nase nimmt weniger als fünf Prozent der gesamten Gesichtsfläche ein.
Das Kinn ist schmal.
Zudem entspricht der Abstand zwischen dem Kinnansatz und dem unteren Lippenansatz einem Fünftel der Höhe des Gesichts.

Nr. 99: Der Miss-Universum-Effekt

Cunningham, M. R./Barbee, A. P./Pike, C. L.: What do Women Want? In: Journal of Personality and Social Psychology, 59, 1990, 61–72.
Eagly, A. H.: Sex Differences in Social Behavior. Hillsdale 1987.

* Vielleicht geht es Ihnen wie mir. Ich kenne Frauen, die weder wissenschaftlich vermessen sind noch »Miss Universum« gleichen. Nichtsdestoweniger finde ich sie schön. Und offen gestehe ich, daß meine ganz persönlichen Empfindungen für Schönheit ganz besonders meiner Ehefrau Antonella gelten.

Schönen Menschen fällt alles ein bißchen leichter

Wir Menschen hegen und pflegen ganz offensichtlich festgelegte Vorstellungen darüber, welche Persönlichkeitseigenschaften und Lebenserfahrungen zu schönen Frauen und Männern passen. Jedenfalls fanden Forscher heraus, wie Schönheit auf das andere Geschlecht wirkt:

Schaubild 11: Schönen Menschen fällt alles ein bißchen leichter

Wie wirken schöne Männer auf Frauen?	Wie wirken schöne Frauen auf Männer?
Schöne Männer sind interessanter, unabhängiger, gefühlvoller, ehrlicher.	Schöne Frauen gelten als eitel, egoistisch, launisch.
Schöne Männer haben mehr beruflichen Erfolg, mehr Lebensglück und mehr Eheglück.	Schöne Frauen lassen sich öfter scheiden, gehen mehr außereheliche Beziehungen ein und haben eine materialistische Orientierung (Schielen auf die Geldbörse).
Frauen schreiben schönen Männern eher sozial *erwünschte* Eigenschaften zu.	Männer schreiben schönen Frauen eher sozial *unerwünschte* Eigenschaften zu.

Was können schöne Menschen für ihre angeborene Schönheit? Nichts, wirklich gar nichts. Dabei fällt schönen Menschen im Leben (fast) alles ein bißchen leichter:

Gutaussehende Frauen und Männer bekommen häufiger als andere bessere Jobs mit besserer Bezahlung.

Nr. 100: Der Job-Effekt

Kriminologen haben festgestellt, daß gutaussehende Kriminelle weniger häufig festgenommen werden – und wenn die schönen

Täter doch vor Gericht kommen, dann fallen die Urteile im Schnitt milder aus.

Nr. 101: Der Gangster-Effekt

Sowohl Lehrer als auch Schüler halten gutaussehende Kinder für klüger, netter und erfolgreicher.

Nr. 102: Der Superhirn-Effekt

Schon sechs Monate alte Kinder bevorzugen in ihrem Blickverhalten attraktivere gegenüber unattraktiven Gesichtern, und zwar unabhängig von der Rasse und dem Geschlecht der betreffenden Person. Zwölf Monate alte Kinder spielen fröhlicher und länger mit einer Puppe, wenn dieser ein attraktives statt eines unattraktiven Gesichts aufgemalt worden war.

Nr. 103: Der Baby-Effekt

In Paarbeziehungen ist der attraktivere Partner jeweils auch der mächtigere, wenn es darum geht, Entscheidungen zu treffen.

Nr. 104: Der Dominanz-Effekt

Bar-Tal, D./Saxe, L.: Perceptions of Similarly and Dissimilarly Attractive Couples and Individuals. In: Journal of Personality and Social Psychology, 33, 1976, 772–781.

Außen fix und innen nix?

Ist Ihnen schon einmal aufgefallen, daß viele attraktive Menschen trotz ihres anziehenden Äußeren anscheinend den positiven Eindruck, den andere von ihnen haben, nicht teilen? Gutaussehende

Menschen finden sich oft gar nicht so toll, wie andere sie einschätzen. Gutaussehende Menschen sind sich der Tatsache bewußt, daß der gute Eindruck, den andere von ihnen haben, nicht auf inneren Werten wie Fähigkeiten und Fertigkeiten beruht, sondern oft bloß auf der äußeren Erscheinung. Und diese Kluft beeinträchtigt bei attraktiven Menschen oft die Entwicklung eines sicheren Selbstwertgefühls!

Nr. 105: Der Barbie-Effekt

Kenrick, D./Gutierres, S.: Contrast Effects in Judgements of Attractiveness: When Beauty Becomes a Social Problem. Journal of Personality and Social Psychology, 1980, 38, 131–140.
Major, B./Carrington, P./Carnevale, P: Physical Attractiveness and Self-Esteem: Attributions for Praise from an Other-Sex Evaluator. Personality and Social Psychology Bulletin, 1984, 10, 43–50.

Oben ohne – eine haarige Geschichte

Kojak steht für ein Markenzeichen – die Glatze. Doch dem Durchschnittsmann vergeht meist das Lachen, wenn er Haare lassen muß: Je stärker die Männer unter Haarausfall leiden, desto introvertierter, neurotischer und depressiver werden sie, besonders die jüngeren – erst üppiger Haarwuchs verkörpert schließlich Männlichkeit und Stärke. Einzig die Wirkrichtung bleibt offen: Begünstigt der beginnende Haarausfall das mangelnde Selbstwertgefühl oder begünstigt das mangelnde Selbstwertgefühl den Haarausfall?

Nr. 106: Der Kojak-Effekt

Wells, P./Willmoth, T./Russell, R.: British Journal of Psychology, 86, 1995.

Mehr als ein Lippenbekenntnis?

Johann Caspar Lavater, Schweizer Philosoph und Theologe (1741–1801), prägte die »Physiognomik«. Die behaupteten Zusammenhänge bestanden oft einzig in angenommenen Ähnlichkeiten von äußerer (körperlicher) Erscheinung und Persönlichkeit. Zweifellos sind Rückschlüsse aufgrund körperlicher Erscheinungsformen auf den Charakter einer Person sehr fragwürdig. Nichtsdestoweniger erlangten Lavaters Ideen in breiten Bevölkerungskreisen – in der »Volksseele« – eine bis heute nicht zu unterschätzende Breitenwirkung. Als Beispiel Lavater im Wortlaut zur äußeren Erscheinung von Mund und Lippen:

Mund und Lippen

»Das Individuum, welches einen zu großen *Mund* hat, ist gewöhnlich plauderhaft und von beschränktem Verstande. Das ist sehr unglücklich für die Männer und sehr verdrießlich bei den Damen. Ein kleiner Mund dagegen kündigt eine friedfertige sanfte Gemüthsstimmung an. Nicht zu groß und nicht zu klein, also die wahre Proportion, das ist es, was man sich zu wünschen hat.

Große, aufgeworfene *Lippen* zeigen gewöhnlich schwachen Verstand und wenig Umsicht des Geistes an, dünne dagegen Verschwiegenheit und List. Sind sie aber so dünn, daß sie kaum sichtbar sind und der Mund gleichsam nur einer Öffnung ähnlich ist, so sind sie ein Zeichen des Geizes, vorzüglich, wenn die Nase sehr ins Spitzige fällt.

Lippen, die eine frische, gesunde Farbe haben, fleischig sind, ohne ins Grobe zu fallen, zart, aber nicht überdünn, kündigen ein glückliches Naturell und gute moralische Eigenschaften an. Das Überhängen der Lippen bedeutet selten etwas Gutes. Hängt die obere Lippe über die untere, so zeugt dies von Thorheit und Geistesschwäche, ragt die untere Lippe über die obere hervor, so ist der Person zwar mehr Verstand zuzutrauen; man kann aber annehmen, daß sie mit List und Ränke ihr Geschäft betreibe.«

Nr. 107: Der Physiognomik-Effekt

Lavaters Lippenbekenntnisse sind letztlich zum Scheitern verurteilt. Unbestritten ist aber, daß Lebensstil (rote Nase des Trinkers) sowie Beruf (tiefe Furchen im Gesicht des Bergführers) ihre Spuren hinterlassen können.

Ungewitter, F. H.: Die Hauptlehren der Physiognomik, Schädel-Lehre und andere Theorien zur Beurteilung des äußeren Menschen nach Haltung des Körpers. Ilmenau 1830.

Bitte lächeln Sie jetzt ...

Warum müssen die meisten Menschen fast an den Haaren vor die Fotokamera gezerrt werden? Zeitliche Ausdehnung bezeichnet die Tendenz des Beurteilenden, ein momentanes Merkmal einer Person so zu betrachten, als wäre es ein beständiges, ein überdauerndes Merkmal. Auf Fotos wird ein Augenblick eingefangen, ein Augenblick verwahrt. Trägt jemand ein Lächeln auf dem Gesicht, wird gefolgert, daß er ständig guter Laune sei. Tritt ein Mann unrasiert auf, wird vermutet, daß er auf seine äußere Erscheinung wenig Wert lege. Die zeitliche Ausdehnung kann zu bedeutenden Abweichungen bei der Wahrnehmung einer Person und infolgedessen zu ungerechtfertigten Urteilen führen. Darum sind viele – wenn nicht die meisten – Menschen kamerascheu.

Nr. 108: Der Foto-Effekt

Mann, L.: Sozialpsychologie. Weinheim 1987.

Sie haben keine zweite Chance

Erinnern Sie sich noch an E. T., das kleine außerirdische Männchen im gleichnamigen Film? Vielleicht. Künftig sollten Sie sich zu Ihrem eigenen Vorteil auf alle Fälle an einen ganz besonderen E. T.

erinnern. Er heißt – Sie kennen ihn bislang wohl kaum – E. T. Hall. E. T. Hall ist Sozialpsychologe. Er hat erkannt, daß achtzig Prozent der Urteile auf der Sympathie-Antipathie-Skala »geritzt« sind, bevor zwei Menschen überhaupt ein Wort gewechselt haben. Entscheidend ist die nonverbale Kommunikation – der Habitus des Körpers, die Gestik der Glieder und vor allem die Mimik des Gesichts. Bevor Sie eine unbekannte Person überhaupt begrüßt haben, sind die Sympathie- oder Antipathiewerte zu achtzig Prozent verankert. Liebe auf den ersten Blick entscheidet sich wortlos. Jeder Quadratzentimeter Ihres Gesichts, Ihrer Figur, Ihrer Kleidung wird genau beobachtet und gemustert. Sie haben keine zweite Chance.

Nr. 109: Der Sympathie-Effekt

Hall, E. T.: The Silent Language. New York 1959.

Kapitel 12
Menschen sind so erotisch

Die berühmten drei Worte ... und was sie anrichten

Die berühmten drei Worte »Ich liebe dich« bedeuten nicht immer die große Liebe auf den ersten Blick. Liebe hat viele Gesichter – und wirkt folgerichtig vielfältig auf den Verlauf von Liebesbeziehungen ein. Sechsmal Sex – oder sechs sehr unterschiedliche Wirkungsweisen derselben berühmten drei Worte »Ich liebe dich« fanden die Forscher heraus:

»Ich liebe dich« bedeutet erstens romantische Liebe (Eros). Sie betrifft die unmittelbare Anziehung durch die geliebte Person. Liebe heißt sexuelles Interesse: prickelnde Erregung durchströmt die Körper und beseelt den Wunsch nach Sex. Dem Eros-Effekt erliegen alle unsterblich verliebten Jungen und alle Junggebliebenen, die den x-ten Frühling spüren.

Nr. 110: Der Eros-Effekt

»Ich liebe dich« bedeutet zweitens besitzergreifende Liebe (Mania). Zur romantischen Liebe (Eros) kommt die Ausschließlichkeit der Beziehung, die dauernde und klettenhafte Bindung an den Partner. Mania fordert ungeteilte Zuwendung und Eifersucht. Auf liebestolle Sizilianer – und solche, die es werden wollen – färbt der Mania-Effekt ab.

Nr. 111: Der Mania-Effekt

»Ich liebe dich« bedeutet drittens freundschaftliche Liebe (Storge). Die Liebe entsteht oft aus einer langen Bekanntschaft. Im Vordergrund stehen gemeinsame Interessen und gemeinsame Aktivitäten. Die sexuelle Anziehung tritt erst relativ spät auf, wenn schon eine feste Beziehung zwischen den Partnern entstanden ist. Der Storge-Effekt ist verbreitet bei verwitweten Frauen und Männern, die ähnliche Lebenserfahrungen und -belastungen teilen.

Nr. 112: Der Storge-Effekt

»Ich liebe dich« bedeutet viertens spielerische Liebe (Ludus), bei der Verführung, sexuelle Freiheit und sexuelle Abenteuer im Vordergrund stehen, ohne daß die Gefühle allzu ernst genommen werden oder gar eine dauernde Bindung beabsichtigt wird. Versprechen sind im Augenblick wahr, aber ohne Treueverpflichtung, da sie nur für die eine Nacht bis zum Morgengrauen oder bis zum Urlaubsende gelten.

Nr. 113: Der Ludus-Effekt

Pragmatische Liebe (Pragma), fünftens, baut nicht auf sexuelle Leidenschaft. Ausgangspunkt der pragmatischen Liebe ist die Einstellung, daß es nützlich und wünschbar wäre, einen passenden Partner zu finden (zum Beispiel, um sich eine große Wohnung leisten zu können oder um Kinder zu haben). Dem Pragma-Effekt verfallen alle Schein-, Vernunft- und Zweckehen.

Nr. 114: Der Pragma-Effekt

Altruistische Liebe (Agape), sechstens, stellt das Wohl der geliebten Person über das eigene Wohlergehen. Die Aufmerksamkeit ist auf die Bedürfnisse der geliebten Person gerichtet. Opferbereitschaft läßt sich als Austausch von Belohnungen und Kosten in der Paarbeziehung interpretieren, wobei die Liebe nicht nach den eigenen Gefühlen und Zielen der liebenden Person, sondern nach den Gefühlen und Zielen der geliebten Person beurteilt wird: Selbstlosigkeit und Pflichterfüllung bestimmt beim Agape-Effekt die Beziehung gleichsam zwischen Masochist und Sadist.

Nr. 115: Der Agape-Effekt

Hendrick, C./Hendrick, S. S.: Research on Love: Does it Measure up? Journal of Personality and Social Psychology, 56, 1989, 784–794.

Wunsch und Wirklichkeit

Bei Befragungen klafft oft eine Kluft zwischen Wunsch und Wirklichkeit. Viele Menschen nehmen die Welt so wahr, wie sie die Welt wünschen, und nicht so, wie sie tatsächlich ist. Die Frage beispielsweise, wieviel Lust zuviel oder zuwenig ist, kann natürlich nicht wissenschaftlich beantwortet werden. Nichtsdestotrotz kann wissenschaftlich festgestellt werden, daß bei Paaren, die neun Jahre verheiratet sind, der Wunsch die Wirklichkeit hinter sich läßt.

Wunsch ...

Fünfzig Prozent der Frauen und zweiundvierzig Prozent der Männer nannten drei- bis viermal die Woche als Wunschhäufigkeit für Sex. Über zwölf Prozent der Männer gaben zu, daß sie gerne mehr als einmal am Tag Geschlechtsverkehr hätten, während das von den Frauen nur drei Prozent wünschten.

... und Wirklichkeit

Gerade zwei Prozent der Männer und ein Prozent der Frauen sagten, daß sie mehr als einmal die Woche miteinander schliefen. Zwölf Prozent der Männer wie auch der Frauen gaben zu, daß sie in ihrer Ehe höchstens alle vierzehn Tage Sex hätten.

Nr. 116: Der Social-desirability-Effekt

Le Piccolo J., University of Missouri, International Herold Tribune, 20.10.1988.

Warum Frauen sportliche Männer mögen müssen

Schlagen Männerherzen höher, fliegen ihnen Frauenherzen am ehesten zu. Warum? Frauen empfinden die Männer dann besonders attraktiv, sexy, sympathisch und romantisch, wenn die Männer – gemessen am Herzschlag – erregt sind. Begegnen Frauen Männern mit erhöhtem Herzschlag, könnte es schon mal funken …

Nr. 117: Der Herzschlag-Effekt

White, G. L./Fishbein, S./Rutstein, J.: Passionate Love and the Misattribution of Arousal. Journal of Personality and Social Psychology, 1981, 41, 56–62.

Kapitel 13
Menschen sind so romantisch

Tatsächlich bis über beide Ohren verliebt?

Wenn frisch verliebte Paare auf Hindernisse stoßen – auf finanziellen, religiösen oder elterlichen Druck – werden Liebe und Bindung aneinander um so stärker. Bekanntestes Beispiel aus der Literatur ist wohl die Geschichte von Romeo und Julia. Widerstand gegen das frisch verliebte Paar ist wie Öl, das ins Feuer der Liebe geschüttet wird. Unverheiratete Paare, die über elterliche Einmischung klagten, drücken eine stärkere romantische Bindung aneinander aus. Sobald jedoch der Widerstand der Eltern nachläßt, wird die Bindung schwächer …

Also, liebe Eltern, nehmt den Druck mal zurück, um festzustellen, wie stark die romantische Liebe zwischen dem Liebespaar tatsächlich ist.

Nr. 118: Der Romeo-und-Julia-Effekt

Driscoll, R./Davis, K. E./Lipetz, M. E.: Parental Interference and Romantic Love: The Romeo and Juliet Effect. In: Journal of Personality and Social Psychology, 24, 1972, 1–10.

Ein Küßchen in Ehren

Küssen ist eine – überdies sehr angenehme – Form sozialer Interaktion. Während des Zweiten Weltkrieges waren amerikanische Soldaten in England stationiert. Unter den US-Boys war die Auffassung weit verbreitet, englische Mädchen seien sehr leichtlebig. Umgekehrt beklagten sich die jungen Engländerinnen über das überaus stürmische Verhalten der amerikanischen Soldaten. Ein Widerspruch? Der Küßchen-Effekt deckt das interkulturelle Mißverständnis auf:

Das Paarungsverhalten (»Courtship pattern«) bis hin zum Geschlechtsverkehr durchläuft sowohl in den USA als auch in England ungefähr dreißig Stufen – allerdings sind die Stufen ganz anders angeordnet. So kommt das Küssen in Amerika bereits relativ früh, etwa auf Stufe fünf – vom Küssen bis zum Geschlechtsverkehr ist also noch ein weiter Weg. Im englischen Paarungsverhalten tritt das Küssen erst relativ spät auf, etwa auf Stufe fünfundzwanzig – Küssen und Geschlechtsverkehr liegen sehr nahe zusammen.
Küßte ein amerikanischer Soldat eine junge Engländerin, so bedeutete dies für ihn noch nicht viel (Stufe fünf von dreißig), während die englische Miss nicht nur überrascht war, sondern sich möglicherweise um das Liebesspiel betrogen fühlte, aber sich nach dem ersten Kuß vielleicht sehr bald hingab (Stufe fünfundzwanzig von dreißig). Letzteres wiederum kam dem amerikanischen Soldaten zu früh. Gab sich die Engländerin hin, war der amerikanische Soldat nicht nur überrascht, sondern hielt das englische Mädchen für ziemlich leichtlebig …

Nr. 119: Der Küßchen-Effekt

Mead, G. H.: Mind, Self and Society. Chicago 1934.

Liebe geht durch den Magen

Jede Kultur besteht nicht aus gottgegebenen, sondern aus gelernten Verhaltensmustern, die für eine bestimmte Gesellschaft, wie zum Beispiel die Siriono-Indianer in Ostbolivien, kennzeichnend sind:

Die Siriono-Indianer leben in dichten und nahrungsarmen tropischen Regenwäldern fast in einem Dauerzustand des Hungers. Nahrung und Nahrungssuche (Wild, Fische, Nüsse, Beeren, Früchte) haben hier vorrangige Bedeutung. Daß sich die Existenz dieser Menschen auf die Nahrung konzentriert, findet Niederschlag in den Bräuchen … und Bäuchen.

Aus dem Bauch heraus

Frauen heiraten nicht aus Liebe, sondern werden mit Versprechungen auf fettes Fleisch oder auf Honig wilder Bienen umworben. Bei der Auswahl des Ehepartners bevorzugt man Frauen und Männer, die geschickt und behende Nahrung suchen können. Unter den Männern sind die besten Jäger die am meisten geschätzten Ehepartner. Frauen nehmen ihrem Mann Untreue selten übel, es sei denn, er gibt einer anderen Frau etwas zu essen. Um zu vermeiden, daß sie ihr Essen mit anderen teilen müssen, jammern und lügen die Stammesangehörigen über das, was sie zu essen haben. Außerdem essen sie in der Regel nachts, so daß sie mehr vertilgen können, ohne daß andere davon etwas erfahren. Das Hauptziel beim Essen scheint zu sein, in kürzester Zeit möglichst viel hinunterzuschlingen. Die Gedanken, Lieder und Träume der Siriono-Indianer handeln in erster Linie vom Jagen und Essen. Wenn ein Siriono zu alt oder zu krank wird, um zu jagen oder sich Essen zu besorgen, läßt man ihn zum Sterben allein!

Andere Länder – andere Sitten

Die zugegebenermaßen primitive Kultur der Sirionos liefert ein Beispiel dafür, wie der Mangel an natürlichen Vorräten zu bestimmten (außergewöhnlichen) Verhaltensweisen führen kann. Daß diese Eigenarten der Sirionos selbstgeschaffen sind, wird durch die Tatsache verdeutlicht, daß andere Menschen wie die Buschmänner der südafrikanischen Kalaharisteppe Lebensmittelknappheit auf andere Weise lösen, nämlich durch Zusammenarbeit, freundschaftliche Beziehungen und die Aufteilung der vorhandenen Vorräte.

Nr. 120: Der Bauch-Effekt

Mead, M.: Coming of Age in Samoa. New York 1928.
Dies.: Sex and Temperament in Three Primitive Societies. New York 1935.

Kapitel 14
Menschen sind so irrational

Der Krieg der Welten

Am Sonntag, den 30. Oktober 1938 strahlte das Columbia Broadcasting System (CBS) im Osten der Vereinigten Staaten ein Hörspiel aus. Dabei handelte es sich um eine Rundfunkbearbeitung von »War of the Worlds« (Krieg der Welten) aus der Feder von Orson Welles. Dieses Hörspiel erlangte berühmt-berüchtigte Popularität. Warum? Die Wirkung bei der Hörerschaft war ungeahnt.

Invasion vom Mars

Nach einleitenden Worten von Orson Welles spielen in der Sendung »Ramon Raquello und sein Orchester« in einer Übertragung aus dem Hotel »Park Plaza« in New York. Doch bald bricht die Musik ab, und ein Sprecher verkündet: »Zwanzig Minuten vor acht hat Professor Farell vom Mount-Jennings-Observatorium in Chicago, Illinois, berichtet, daß er mehrere regelmäßig auftretende, weiß glühende Gasexplosionen auf dem Planeten Mars beobachtet hat … Professor Pierson vom Observatorium in Princeton bestätigt Farells Beobachtungen … Wir schalten jetzt wieder zurück zur Musik von Ramon Raquello …«

Die Unterbrechungen der Musik durch Nachrichten werden häufiger. Es wird von einer seismographisch registrierten, erdbebenartigen Erschütterung berichtet. Kommentator Carl Phillips und Professor Pierson berichten schließlich von einem Bauernhof bei Grover's Mill, New Jersey, aus über die Landung eines riesigen zylindrischen UFOs: Das Oberteil öffne sich. Ein zappelndes Ungeheuer, groß wie ein Bär und glitzernd wie nasses Leder, entsteige der Fähre. Ein Feuer breche aus. Die Direktübertragung bricht plötzlich ab.

In unglaubwürdiger Hektik wird jetzt Schlag auf Schlag vom Einsatz der amerikanischen Armee, von weiteren Landungen im ganzen Land und von schwarzem Giftgas berichtet. Der letzte Sprecher vor dem Zusammenbruch der Sendestation berichtet:

»Jetzt kommt der Rauch näher. Er hat den Times Square erreicht. Die Leute versuchen zu flüchten. Aber es hat keinen Sinn. Sie kommen um wie Fliegen. Der Rauch hat jetzt die Sixth Avenue erreicht ... die Fifth ... jetzt hundert Meter ... noch zwanzig Meter ...« (verstummt).

Was eine Radiosendung bewirkt

Die Reaktionen auf dieses Hörspiel, das bei genauem Hinhören durchaus als solches zu erkennen war, waren erstaunlich. Ungefähr sechs Millionen Menschen in den USA hatten die Sendung gehört. Eine Million waren geängstigt oder verwirrt. Manche hatten Freunde und Verwandte angerufen. Hunderte rannten auf die Straße, versuchten Taxis und Krankenwagen zu erreichen, beteten, weinten, flüchteten.

Vor allem Personen mit niedriger Schulbildung erkannten nicht, daß es sich um ein Hörspiel handelte. Als erstaunlich erwies sich, daß viele Personen nicht die Realität durch einen Anruf bei der Polizei oder bei der Rundfunkanstalt oder durch einen Blick in das Rundfunkprogramm (Hörspiel!) prüften. Vielmehr sahen sie sich nach Leidensgenossen um oder deuteten die Tatsachen im Sinne ihrer Gefühle:

- »Ich habe das Radio abgeschaltet und bin ins Treppenhaus gelaufen. Da war die Frau von nebenan und weinte.«
- »Wir haben einen anderen Sender eingeschaltet und hörten Kirchenmusik. Da waren wir sicher, daß viele Leute zu Gott beteten, während sie auf den Tod warteten.«
- »Ich habe meine Eltern angerufen, um zu hören, was ich tun sollte. Aber da antwortete niemand ... Ich dachte nur, daß die Flammen schon meine Eltern erreicht hätten.«
- »Die Wyoming-Straße war schwarz von Autos. Jetzt flüchten sie, dachte ich.«
- »Ich sah aus dem Fenster, und als alles so aussah wie sonst, dachte ich, daß es unsere Gegend noch nicht erreicht hätte.«

Die unerwarteten Wirkungen des Hörspiels wurden hervorgerufen durch die hervorragenden Leistungen der Sprecher. Aber auch die Faszination, die das Radio in den dreißiger Jahren noch ausübte, darf nicht unterschätzt werden. Noch ein Faktor kam 1936 in den

USA dazu: Ein großer Teil der Bevölkerung hatte Angst vor einem Übergriff Hitlers. So gab es schließlich Hörer, die nicht an eine Invasion vom Mars, sondern an eine Invasion der Deutschen glaubten: »Ich wußte, daß einige Deutsche uns vergasen wollten. Als der Ansager sagte, das seien Leute vom Mars, habe ich gedacht: Der weiß noch nicht, daß Hitler die geschickt hat.«

Nr. 121: Der Panik-Effekt

Cantril, H.: The Invasion from Mars. A study in the Psychology of Panic. Princeton 1940.

Cantril, H.: Die Invasion vom Mars. In: Prokop, D. (Hrsg.): Medienforschung. Band 2: Wünsche, Zielgruppen, Wirkungen. Frankfurt 1985, 14–28.

Nur der Weltuntergang darf nie untergehen

Sektenführerin Marian Keech, West School Street 847, erhielt eine Prophezeiung von einem höheren Wesen eines Planeten namens »Clarion«: Lake City werde am 21. Dezember 1955 um Mitternacht von einer großen Wasserflut zerstört.

Die außerirdischen Lebewesen, so gab Mrs. Keech gegenüber einer Tageszeitung bekannt, hätten die Erde mehrmals in »fliegenden Untertassen« besucht. Während ihrer Besuche hätten sie festgestellt, daß sich »falsche Linien« auf der Erdoberfläche befänden, die als Vorboten des Untergangs zu deuten seien. Mrs. Keech berichtete weiter, daß man ihr erzählt habe, die Flut werde einen Binnensee bilden, der sich vom Polarkreis bis zum Golf von Mexiko ausdehnen werde.

Einer Forschergruppe gelang es, sich Zugang zu der Sekte zu verschaffen. Die Sektenmitglieder glaubten an die auserwählte Errettung vor dem Weltuntergang. Wie sehen solche Leute dem Weltuntergang entgegen? Und vor allem: Was tun diese Personen, wenn die Welt nicht untergeht?

Weltuntergang am 21. Dezember 1955 um Mitternacht

Die Sekte traf sich am 21. Dezember 1955 im Wohnhaus von Mrs. Keech. Die letzten zehn Minuten vor Mitternacht waren voller Spannung. Die Sektenmitglieder taten nichts anderes, als dazusitzen und mit ihren Mänteln in der Hand zu warten. In diese knisternde Stille hinein tickten laut zwei Uhren, eine davon war um zehn Minuten vorgestellt. Als diese Uhr fünf Minuten nach Mitternacht zeigte, erwähnte Mrs. Keech die Zeit laut. Im Chor antworteten die übrigen, daß Mitternacht noch nicht gekommen sei. Mrs. Keech erwähnte, daß sie die andere Uhr nachmittags eigenhändig eingestellt habe. Sie zeigte vier Minuten vor Mitternacht. Diese vier Minuten verstrichen in völliger Ruhe. Als die Uhr jedoch eine Minute bis zur Ankunft des UFOs anzeigte, rief Mrs. Keech mit schrill erregter Stimme: »Und kein Plan des Planeten Clarions leitet sich fehl!« Die Uhr schlug Mitternacht – jeder Schlag schmerzhaft in den Ohren der regungslos erwartungsvollen Versammlung.

Mitternacht war gekommen und vorübergegangen. Und nichts war geschehen.

Was tut eine Sekte, wenn die Welt nicht untergeht?

Kein Gespräch, kein einziger Laut. Die Leute saßen regungslos, ihre Gesichter scheinbar gefroren und ausdruckslos. Nur allmählich stellten sich Verzweiflung und Verwirrung ein. Die Gläubigen murrten über ihre mißliche Lage – kein Weltuntergang und folgerichtig keine Errettung. Erst gegen vier Uhr morgens brach Mrs. Keech zusammen und weinte. Sie spüre, schluchzte sie, daß es einige gäbe, die zu zweifeln begännen. Und sie spüre auch, daß die Gruppe jenen nun die rettende Hand reichen müsse, die sie am nötigsten brauchten, und daß die Gruppe zusammenhalten müsse. Der Rest der sichtlich erschütterten Gruppe verlor ebenfalls die Fassung. Es war fast vier Uhr dreißig und immer noch kein Ausweg gefunden. Nun sprachen die meisten offen über das Nichterscheinen der außerirdischen Erretter. Die Gruppe schien der Auflösung nahe.

Wie behält Mrs. Keech ihre Schäfchen in der Sekte?

Gegen vier Uhr fünfundvierzig schließlich erklärte Mrs. Keech, sie habe eine neue Botschaft aus dem All erhalten, die sie der Gruppe vorlas. Der Inhalt dieser Botschaft war, daß durch den starken Glauben dieser Gruppe es Gott gefallen habe, die Welt vom Weltuntergang zu verschonen. Die Botschaft wurde von der Gruppe mit Begeisterung aufgenommen, der Weltuntergang sozusagen »vertagt«. Und die Sektenmitglieder hatten durch diese »elegante« Lösung die Möglichkeit, an ihrem Glauben festzuhalten. In der Tat entwickelte die Gruppe um Mrs. Keech in der Folgezeit verstärkte Bekehrungsaktivitäten.
Anders verhielt es sich mit denjenigen Sektenmitgliedern, die den Weltuntergang nicht bei Mrs. Keech erwartet hatten, sondern bei ihren Familien geblieben waren. Unter diesen Personen fanden sich viele, die sich von der Sekte lösten und nicht mehr an einen baldigen Weltuntergang einschließlich Erlösung der Sektenmitglieder glaubten. Für das Festhalten an einer derartigen Überzeugung ist offensichtlich das Gruppenerlebnis und die Unterstützung durch die Gruppe wichtig.

Nr. 122: Der Sekten-Effekt

Festinger, L./Schachter, S./Back, K.: Social Pressures in Informal Groups. New Yourk 1950.

Menschen trotten dem nächsten nach – nicht dem Leittier

»The People's Temple« war eine Sekte mit Standort San Francisco, die ihre Anhängerschaft vor allem in den unteren Bevölkerungsschichten rekrutierte. Im Jahre 1977 verließ Reverend Jim Jones, unumstrittener geistlicher Anführer der Sekte, zusammen mit einem Großteil seiner Anhänger die USA und gründete die Siedlung »Jonestown« in einem Urwaldgebiet im südamerikanischen Guyana.

Im November 1979 besuchte eine Ermittlungsgruppe »Jonestown«, um die Vorgänge innerhalb der Sekte zu untersuchen. Leo R. Ryan, Leiter der Ermittlungsgruppe und Abgeordneter des US-Kongresses, drei seiner Leute und ein abtrünniges Sektenmitglied wurden am 18. November 1978 ermordet – beim Versuch, »Jonestown« mit dem Flugzeug zu verlassen.

Einer nach dem anderen friedlich und vorsätzlich in den Tod!

In der Überzeugung, die US-Justiz würde ihn verhaften und für die Morde verantwortlich machen, beschloß Jim Jones, das Ende der Sekte selbst in die Hand zu nehmen. Er versammelte alle seine Anhänger um sich und rief sie auf, in einem vereinten Akt in den Tod zu gehen. Als erste ging eine junge Frau auf den berühmt gewordenen Bottich mit der nach Erdbeeren schmeckenden Giftmischung zu, löffelte ihrem Baby etwas von der Flüssigkeit ein, nahm dann selbst eine Portion und setzte sich auf den Rasen, wo sie und ihr Kind unter Krämpfen innerhalb von vier Minuten starben. Einer nach dem anderen tat es ihr gleich. Nach Angaben von Überlebenden ging die überwiegende Mehrheit der neunhundertzehn Menschen, die schließlich ihr Leben ließen, friedlich und vorsätzlich in den Tod. Ein Toter lag neben dem anderen. Nur eine Handvoll Sektenmitglieder verweigerte die Gifteinnahme und flüchtete.

Wie kommt es zur tödlichen Willfährigkeit?

Die zivilisierte Welt war schockiert: Wie konnte es nur zu dieser tödlichen Willfährigkeit kommen? Verschiedene Erklärungen wurden angeboten: Da war die unwiderstehliche Anziehungskraft des charismatischen Sektenführers Jim Jones. Da waren aber auch die zumeist armen und ungebildeten Menschen, die bereitwillig ihre Freiheit und Selbständigkeit ihrem Führer anvertrauten, um an einem Ort Sicherheit zu finden, an dem ihnen alle Entscheidungen abgenommen wurden. Zweifellos tragen diese Erklärungen dazu bei, den schrecklichen Massenselbstmord etwas begreiflicher zu machen. Und doch muß es etwas anderes gewesen sein, das den Ausschlag gegeben hat.

Die Grenzen eines einzelnen Führers

Obgleich Jim Jones ohne Frage ein Mann war, der die Menge mitreißen konnte, gründete die Macht, die er über seine Anhänger hatte, weniger auf seinem bemerkenswerten persönlichen Stil als vielmehr auf seiner tiefschürfenden Kenntnis des Herdentrieb-Effekts. Sein wahres Genie als Anführer bestand gerade in seinem Wissen um die Grenzen individueller Führerschaft. Kein Führer kann darauf bauen, es ständig allein zu schaffen, alle Mitglieder der Gruppe zu überzeugen. Ein starker Führer kann jedoch erwarten, einen beträchtlichen Teil der Gruppenmitglieder zu überzeugen, und aufgrund der Tatsache, daß dieser beträchtliche Teil überzeugt ist, schwenkt der Rest auf dieselbe Linie ein. Die einflußreichsten Führer sind also diejenigen, die Gruppenbedingungen zu schaffen wissen, unter denen der Herdentrieb-Effekt besonders gut zugunsten des Anführers arbeitet, denn: Unsichere Leute sehen sich nach den Handlungen anderer um und richten ihr eigenes Verhalten danach aus.

Unsicherheit und Abgeschlossenheit begünstigen den Herdentrieb

Jim Jones' Geniestreich war die Entscheidung, samt seiner Gemeinde von San Francisco in die abgelegenen Regenwälder nahe dem südamerikanischen Äquator zu gehen, wo unter den gegebenen Bedingungen der Unsicherheit und der Abgeschlossenheit der Herdentrieb-Effekt so wirksame Dienste leisten würde wie wohl nirgendwo sonst. Dort würde sich eine Gruppe von tausend Leuten, viel zu groß, um sich auf Dauer allein durch die Persönlichkeit eines Mannes beherrschen zu lassen, in eine *Herde* verwandeln. Wie Schlachthausbetreiber seit langem wissen, macht es die Herdenmentalität sehr leicht, eine Gruppe zu lenken. Jim Jones brachte einfach ein paar Mitglieder dazu, die gewünschte Richtung einzuschlagen – und die anderen trotteten friedlich hinterher, wobei sie weniger auf das »Leittier« Jim Jones reagierten als vielmehr auf diejenigen Sektenmitglieder, die sich in ihrer unmittelbaren Nähe befanden. Die unglaubliche Macht des Reverends Jones läßt sich also weniger mit seiner beeindruckenden persönlichen Art – seinem Charisma – als vielmehr mit seiner Kenntnis des Herdentrieb-Effekts erklären.

Nr. 123: Der Herdentrieb-Effekt

Cialdini, R. B.: Die Psychologie des Überzeugens. Göttingen 1997.

Zehntausend Menschen können nicht irren

Einer der bekanntesten amerikanischen Massenprediger heißt Billy Graham. Ein Forscherteam der Universität von Arizona, das sich bei Billy Graham eingeschlichen hatte, berichtete über eine seiner Predigerreisen.

Herzen zählen

»Wenn Graham in eine Stadt kommt und die Leute zum Altar ruft, stehen sechstausend Leute bereit mit Anweisungen, in bestimmten Abständen nach vorn zu kommen, um den Eindruck einer spontanen Masseneuphorie zu erwecken.« Die Messe als inszenierte Show! Warum?
Fünfundneunzig Prozent der Menschen sind Nachahmer, fünf Prozent machen vor. Folgerichtig lassen sich die Leute meist durch die Handlungen anderer überzeugen.

Das »meistverkaufte« Produkt

Die Werbung versucht uns nicht immer von den Vorzügen des Produkts zu überzeugen, häufig teilt sie uns einfach mit, daß das angebotene Produkt das »meistverkaufte« oder dasjenige »mit den höchsten Zuwachsraten« sei. Erfolgreiche Verkäufer weisen auf die zahlreichen Leute hin, die das Produkt bereits erstanden hätten. Daß viele andere davon überzeugt sind, scheint Beweis genug zu sein.

Die endlose Namensliste

Sammelt das Fernsehen oder das Radio Geld für einen guten Zweck, wird viel, sehr viel Zeit für die namentliche Nennung oder Einblendung von Spendern verwendet. Die Botschaft an alle, die noch zögern, ist klar: »Seht mal, wie viele Leute etwas gegeben haben: Fünfzigtausend Menschen haben bereits gespendet. Es muß einfach richtig sein, es zu tun.«

Keine Angst mehr vor Hunden

Wie werden Menschen, die unter Phobien leiden, diese extremen Angstzustände auf erstaunlich einfache Weise los? Kinder im Vorschulalter, die aufgrund ihrer großen Furcht vor Hunden ausgewählt worden waren, taten zunächst nichts anderes, als zwanzig Minuten am Tag einen kleinen Jungen beim fröhlichen Spiel mit einem Hund zu beobachten. Nach nur vier Tagen erklärten sich siebenundsechzig Prozent der ängstlichen Kinder bereit, zu dem Hund in eine Art Laufstall zu klettern. Dort streichelten und kraulten sie den Hund. Und es kommt noch besser: Die Kinder bauten die Furcht vor Hunden besonders dann erfolgreich ab, wenn sie *mehrere andere Kinder* beim Umgang mit Hunden beobachten konnten. Anscheinend lieferten die Handlungen einer großen Zahl anderer Kinder die höchste Beweiskraft.

Nr. 124: Der Massen-Effekt

Altheide, D./Johnson, J.: Counting Souls. Pacific Sociological Review, 1975, 20, 323–348.

Bandura, A./Grusec, J./Menlove, E.: Vicarious Extinction of Avoidance Behavior. Journal of Personality and Social Psychology, 1967, 5, 16–23.

Bandura, A./Menlove, E.: Factors Determining Vicarious Extinction of Avoidance Behavior Through Symbolic Modeling. Journal of Personality and Social Psychology, 1968, 8, 99–108.

Kapitel 15
Menschen sind so infantil

Ein Bonbon jetzt oder zwei Bonbons später?

Wir stellen ein vierjähriges Kind vor die sogenannte »Marshmallow-Probe« mit den Worten: »Ich lege zwei Bonbons auf den Tisch. Wenn du zwanzig Minuten wartest, bis ich eine Besorgung erledigt habe, bekommst du beide Bonbons. Wenn du nicht so lange warten kannst, bekommst du nur ein Bonbon, aber dieses sofort.« Diese Entscheidung stellt das Herz eines jeden Vierjährigen auf eine harte Probe im ewigen Kampf zwischen Begehren und Selbstbeherrschung, zwischen Bedürfnisbefriedigung und Aufschub, zwischen Trieb und Zurückhaltung, zwischen »Es« und »Ich«. Der Entscheidung können wir einiges entnehmen, denn sie gibt Aufschluß über den Weg, den dieses Kind vermutlich im Leben nehmen wird!

»Lieber zwei Bonbons später« wählen zwei Drittel der vierjährigen Kinder: Sie warten die sicherlich endlos erscheinenden zwanzig Minuten bis zur Rückkehr des Versuchsleiters ab. Um sich in ihrem Kampf zu stärken, halten sie sich die Augen zu, damit sie nicht auf die Versuchung starren müssen, oder sie legen den Kopf auf die Arme, führen Selbstgespräche, singen, spielen mit Händen und Füssen oder versuchen gar, sich schlafen zu legen. Diese tapferen Kinder erhalten zwei Bonbons.

»Lieber ein Bonbon jetzt« bevorzugt ein Drittel der vierjährigen Kinder: Sie sind impulsiv und schnappen sich das eine Bonbon fast durchweg innerhalb von Sekunden, nachdem der Versuchsleiter das Zimmer verlassen hat.

Aufschlußreich ist der Nachweis der Langzeitwirkung des Bonbon-Effekts. Dieselben Kinder zeigen nämlich auch rund zwölf Jahre später als Jugendliche auffällige emotionale und soziale Unterschiede.

Wer mit vier Jahren der Versuchung widerstanden hatte, ist als sechzehnjähriger Jugendlicher häufiger durchsetzungsfähig, selbstbewußt, selbstsicher, zuversichtlich, vertrauenswürdig, verläßlich. Herausforderungen nimmt er bereitwillig an. Und selbst bei

Schwierigkeiten gibt er nicht auf. Unter Streß neigt er weniger dazu, nervös zu reagieren oder zusammenzubrechen.

Wer mit vier Jahren sich ohne Aufschub das Bonbon schnappte, ist als Jugendlicher häufiger störrisch, unschlüssig, argwöhnisch, eifersüchtig, neidisch, gereizt, streitsüchtig. Frustrationen werfen ihn leicht um. Sein Selbstwertgefühl ist angeschlagen. Selbstzweifel nagen. Streß lähmt ihn.

Bedürfnisaufschub

Was sich früh als Bonbon-Effekt zeigt, entfaltet sich später im Leben zu einer sozialen Kompetenz. Die Fähigkeit, einem verlockenden »süßen« Reiz einen Bedürfnisaufschub aufzuerlegen, ist die Wurzel einer Fülle von Leistungen, angefangen vom Durchhalten einer Diät bis zum Anstreben eines Studienabschlusses. Manche Kinder hatten den Bonbon-Effekt schon mit vier begriffen: Sie erachteten den Aufschub als lohnenswert, starrten nicht auf die greifbare Versuchung, lenkten die Aufmerksamkeit auf etwas anderes und hielten dadurch die nötige Ausdauer aufrecht im Hinblick auf ihr Ziel, beide Bonbons zu erhalten.

Nr. 125: Der Bonbon-Effekt

Mischel, W./Peake, P./Shoda, Y.: Predicting Adolescent Cognitive and Self-Regulatory Competencies Form Preschool Delay of Gratification. Developmental Psychology, 1990, 6, 978–986.

Goleman, D.: Emotionale Intelligenz. Wien 1996.

Warum die Kassiererin eine liebe Frau ist

Heranwachsende schreiten im Verständnis der Welt stufenweise voran. Ein Einkaufsladen wird mit fünf Altersjahren vereinfacht wahrgenommen: Erwachsene haben scheinbar unbegrenzt Zugang zu Geld. Und gibt die Verkäuferin an der Kasse gar Wechselgeld heraus, so bedeutet das für einen Fünfjährigen nichts anderes, als daß die liebe Frau an der Kasse großzügig noch mehr Geld zur Verfügung stellt, um den zukünftigen Konsum zu bezahlen! Sieben- bis Achtjährige nehmen oftmals an, daß die Tageseinnahmen in der Kasse für Arme oder Behinderte bestimmt wären oder – in Großbritannien zumindest – von der Königin abgeholt würden.

Nr. 126: Der Königin-Elizabeth-Effekt

Furth, H. G.: The World of Grown-ups: Children's Conceptions of Society. New York 1980.

Die wundersame Vermehrung

Einem Kind werden zwei gleiche Gläser mit identischem Inhalt gezeigt. Nachdem das Kind bestätigt hat, daß die Mengen wirklich gleich sind, wird der Inhalt eines Glases in ein drittes Glas von unterschiedlicher Form – höher und dünner, wie ein Reagenzglas – umgegossen.

Schaubild 12: Die Form der Gläser täuscht die Kinder

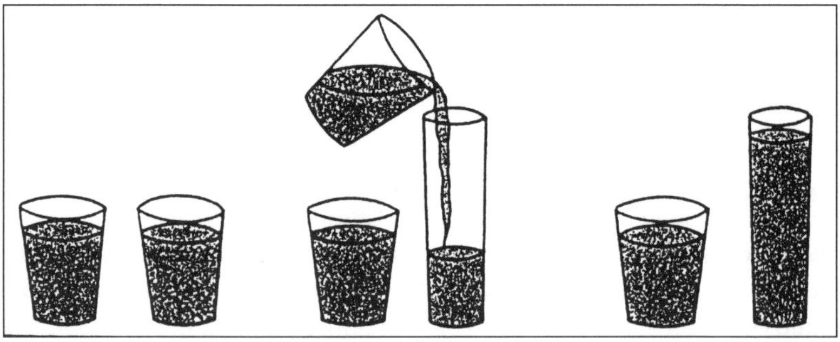

Daraufhin wird das Kind gefragt, ob dieses neue Reagenzglas die gleiche Menge Flüssigkeit enthalte wie das verbleibende ursprüngliche Glas (»Konstanz«). Verblüffenderweise erklären Kinder unter sechs Jahren gewöhnlich, daß sich die Menge im neuen Glas verändert habe, das heißt, daß das Wasser im dünneren und höheren Reagenzglas »mehr« geworden sei, weil der »Becher größer« oder »dünner« sei. Obschon die umgeschüttete Flüssigkeitsmenge dieselbe ist (»Invarianz«), lassen sich Kinder von der optischen Veränderung täuschen.

Nr. 127: Der Konstanz-Effekt
Der Invarianz-Effekt

Piaget, J.: Judgement and Reasoning in the Child. London 1928.
Ders.: The Moral Judgement of the Child. Harmondsworth 1932.
Ders.: The Origin of Intelligence in Children. New York 1932.

Die inneren Werte zählen

Kinder bis zum sechsten Lebensjahr beschreiben Personen aufgrund von Äußerlichkeiten: das körperliche Erscheinungsbild, die Kleidung, der Besitz, das Verwandtschaftsverhältnis. Bereits im siebten oder achten Lebensjahr verändert sich die Blickrichtung: Nicht mehr allein Äußerlichkeiten entscheiden. Erkennbar beschreiben die Kinder dann Menschen aufgrund innerer Werte und Eigenschaften: Charakterzüge, Bedürfnisse, Beweggründe und Haltungen. Mit sieben oder acht vollziehen Kinder die Wende von äußeren zu inneren Werten.

Öfter mal Wendezeit?

Nicht verkneifen kann ich mir die Frage: Gehe ich richtig in der Annahme, daß in großen Kindern (gemeint sind Erwachsene) irgendwann eine neuerliche Wende von den inneren zu den äußeren Werten vor sich geht? Diese Wende hin zu äußeren Werten würde jedoch entwicklungspsychologisch einen Rückfall ins sehr frühe Kindesalter annehmen lassen …

Nr. 128: Der Werte-Effekt

Livesley, W. J./Bromley, D. B.: Person Perception in Childhood and Adolscence. London 1973.

Du sollst dir keine Bilder machen …

Der neunjährige Tobias, der gar nicht gerne schlafen geht, überrascht eines Abends seine Eltern damit, daß er nicht schnell genug ins Bett kommen kann. Der Widerstand scheint plötzlich verflogen. Tobias erklärt: »Ich bin noch gar nicht müde. Aber wenn ich im Bett liege, lasse ich meine Flugzeuge kommen. Jedes Flugzeug kommt auf Befehl, und ich sehe es ganz genau mit den Farben, wie auf den Bildern. Manchmal fliegen alle auf einmal. Ich lasse sie auch zusammenstoßen.« Tobias sammelt eifrig Bilder von Flugzeugen.

Anschauungsbilder wahr oder erfunden?

Eidetik stammt von dem griechischen Wort »eidos« = das Bild. Beim Eidetik-Effekt handelt es sich um das Auftreten subjektiver Anschauungsbilder von so großer Deutlichkeit, daß sie von tatsächlichen Wahrnehmungen nicht zu unterscheiden sind. Der Eidetiker kann sich ein vorher gesehenes Bild, das er nur kurz mit wanderndem Blick betrachtet hat, später nicht nur vorstellen, er kann es in allen Einzelheiten sehen, als ob es tatsächlich vor ihm läge. Starke Eidetiker rufen nicht nur Anschauungsbilder willkürlich aus dem Gedächtnis hervor, sie sind oft nicht mehr in der Lage, den Ursprung der Anschauungsbilder in »wahr« oder »erfunden« zu trennen.

Geständnis

Dem geneigten Leser sei es verraten: Der Autor bekennt sich zum starken Eidetiker. Noch heute sehe ich das Christkind mit lockigem Haar, in weißem Kleid und mit goldenen Flügeln, wie zu der Zeit, als ich vor dem Schlafengehen nochmals den Vorhang zurückzog, um nachzuschauen, ob das Christkind mein Briefchen mit den Weihnachtswünschen bereits abgeholt hätte ... Und siehe da: Ich habe das Christkind gesehen, wie es das Briefchen geholt hat – wahr oder erfunden?

Nr. 129: Der Eidetik-Effekt

Urbantschitsch, V.: Subjektive optische Anschauungsbilder. Wien 1909.

Kapitel 16
Menschen sind so komplex

Und im dritten Stockwerk wohnt das Über-Ich

Sigmund Freuds Psychoanalyse läßt sich am besten mit einem dreistöckigen Gebäude veranschaulichen:

Das *erste* Stockwerk – das Es – ist unordentlich, triebhaft, unbewußt, instinktiv.
Das *zweite* Stockwerk – das Ich – ist der Raum, in dem man Besuch empfängt, das bewußte Leben, das Denken, Handeln, Planen, Wählen und die Werte, kurz die Auseinandersetzung der Person mit der Umwelt.
Im *dritten* Stockwerk wohnt eine mysteriöse Person – das Über-Ich, jemand wie ein Vater oder Lehrer, der einem Anordnungen gibt und ausschimpft und Schuldgefühle und Gewissensbisse einredet, weil man das erste Stockwerk nicht in Ordnung gebracht hat.

Auf der Couch analysieren die »Freudianer« die Psyche der Menschen. Die Kernfrage der Psychoanalyse lautet: Inwiefern gelingt es Menschen, Ordnung ins dreistöckige Haus zu bringen?

Nr. 130: Der Couch-Effekt

Moscovici, S.: La Psychoanalyse – son image et son public. Paris 1961.

Psychoanalyse I: Urvertrauen statt Urangst

Die Psychoanalyse betrachtet im ersten Lebensjahr die Mundzone (»orale Phase«) als herausragende Quelle lustvoller Befriedigung. In dieser Oralphase besteht der Lustgewinn des Kindes in der Befriedigung des Nahrungsbedürfnisses durch die Mutter. Die regelmäßige Befriedigung der oralen Bedürfnisse bei gleichzeitiger liebevoller Zuwendung der Mutter, die mit dem Nahrungsbedürfnis auch das Bedürfnis nach Liebe und Geborgenheit erfüllt, entscheidet über die Entwicklung des sogenannten Urvertrauens. Das Urvertrauen ermöglicht dem Kind eine sichere Verwurzelung in der emotionalen Bindung mit der Mutter. Damit schafft das Urvertrauen die Grundlage zum vertrauensvollen Vordringen in die Welt.

Urvertrauen

Frustrationen in der oralen Phase durch das Fehlen einer liebevollen mütterlichen Zuwendung, durch Ablehnung des Kindes oder durch ein Verlassenwerden von der Mutter sowie durch grobe Ernährungsfehler beim Abstillen verhindern die Entstehung des Urvertrauens, lassen statt dessen das Urmißtrauen entstehen, das wiederum die Ursache einer Grundangst vor der Welt und vor den Menschen sein kann. Bei günstigem Verlauf der oralen Phase entsteht aus dem Urvertrauen die Urhoffnung, die ein freudiges und erwartungsvolles »Ins-Leben-Schreiten« möglich macht.

Nr. 131: Der Oral-Effekt

Erikson, E.: Kind und Gesellschaft. Stuttgart 1973.

Psychoanalyse II: Schließmuskelbeherrschung statt Kotschmieren

Im zweiten Lebensjahr sieht die Psychoanalyse den Afterbereich (»anale Phase«) als Quelle lustvoller Befriedigung. Die anale Phase geht in erster Linie vom Erwachsenen aus, der nun verlangt, daß das Kind auf die lustvolle sofortige Befriedigung des Bedürfnisses nach Entleerung verzichtet und lernt, sein Bedürfnis zu melden und die Schließmuskel erst zum geeigneten Zeitpunkt und am geeigneten Ort zu entspannen. Mit der allmählichen Reinlichkeitsgewöhnung wird der erste Schritt zur Überwindung der kindlichen Triebhaftigkeit getan. Der Verzicht wird in der Regel der Mutter zuliebe geleistet, um Liebesgewinn zu erzielen und allfälligen Liebesverlust zu vermeiden. Die Exkremente, die das Kind als Teil seiner selbst betrachtet, werden der Mutter als Geschenk dargebracht. Zur analen Phase gehört auch die den Erwachsenen oft schockierende Freude an spielerischer Beschäftigung mit Exkrementen (Kotschmieren), die vorerst noch durch keinerlei Ekelgefühle beeinträchtigt ist.

Ekelhaft?

Erstmals treten in dieser Phase auch aggressive Tendenzen auf, wie Beißen und Quälen geliebter Menschen oder Zerstören von Spielsachen. Soll die anale Phase erfolgreich verlaufen, dann darf das Hinführen zur Schließmuskelbeherrschung weder zu früh einsetzen (nicht vor dem Ende des ersten Lebensjahres) noch zu streng gehandhabt werden. Starker Druck auf das Kind, der oft aus Ehrgeiz, oft auch einfach aus Bequemlichkeit ausgeübt wird, um nun endlich von lästiger Arbeit befreit zu sein, Bestrafung, Tadel und vor allem alle Äußerungen der Unlust und des Ekels sowie der Abwertung des Kindes als »garstig« und »schmutzig« können zu Fehlentwicklungen führen. Die Bewertung »ekelhaft« oder »schmutzig« kann vom Kind auf seine ganze Person und vor allem auf den sexuellen Bereich bezogen werden, was zwangsneurotische Verhaltensweisen (zum Beispiel Waschzwang, Reinheitsfimmel), übertriebene Scham- und Ekelgefühle, sexuelle Störungen, Zweifel und Unsicherheit zur Folge haben kann.

Nr. 132: Der Anal-Effekt

Schenk-Danzinger, L.: Entwicklungspsychologie. Wien 1976.

Psychoanalyse III: Warum sehen Buben anders aus als Mädchen?

Im Zuge der Bewußtwerdung der eigenen Person, der Ich-Abhebung, werden sich Knaben und Mädchen des eigenen Geschlechts bewußt.

Kastrationsangst des Knaben und Penisneid des Mädchens

Sieht ein Knabe ein Mädchen zufällig, so kann er glauben, daß das Mädchen seines Gliedes (Phallus) beraubt wurde, daß ihm dasselbe widerfahren und der Verlust des Gliedes strafweise erfolgen könnte. Diese Vorstellung löst sehr starke Angstgefühle aus, die von der Psychoanalyse als Kastrationsangst bezeichnet werden.
Beobachten Mädchen die Andersartigkeit des Knaben, so glauben sie oft, daß sie selbst aus irgendeinem Grunde unvollständig ausgestattet und daher minderwertig seien. Dieses Frustrationserlebnis bezeichnet die Psychoanalyse als Penisneid.

Ödipuskomplex

In der Periode der Ich-Abhebung – Sigmund Freud selbst nennt mit zweitem bis fünftem, drittem bis fünftem oder viertem bis fünftem Lebensjahr drei Datierungen des Ödipuskomplexes – erkennt das Kind, daß die Mutter ihm nicht allein gehört, und es spürt, daß die Mutter dem Vater in einer besonderen Weise verbunden ist und mit ihm eine Gemeinschaft bildet, aus der sich das Kind ausgeschlossen fühlt. Diese Entdeckung läßt den Vater als Rivalen erscheinen, mit dessen Rolle sich das Kind jedoch identifizieren möchte. Eine Zeitlang schwankt besonders der Knabe dem Vater gegenüber zwischen Liebe und Eifersucht. Dann drängt sich das Kind zwischen die Eltern, sucht die Aufmerksamkeit auf sich zu lenken, beobachtet ängstlich jede Zärtlichkeit zwischen ihnen und lehnt sich sogar dagegen auf. Jeder kleine Knabe möchte wie der Vater sein, um ihn – nach Auffassung der Psychoanalytiker – bei der Mutter ersetzen zu können. Die meisten Fünfjährigen möchten die Mutter heiraten, wenn sie groß sind. Aus dem Wunsch, dem Vater gleich zu sein, vollzieht sich die erste Identifikation mit der männlichen Rolle, die für den Aufbau der Persönlichkeit des Knaben von größter Bedeutung zu sein scheint (Verantwortungsgefühl, Arbeitshaltung). Unter normalen Umständen überwindet das Kind diese »Ödipusphase« ohne Nachwirkungen. Streit zwischen den Eltern können sie jedoch verlängern. Das kann besonders dann geschehen, wenn das Kind Gelegenheit hat, die Urszene zu beobachten, die es ja als Aggression des Vaters gegen die Mutter interpretieren muß.

Nr. 133: Der Phallus-Effekt

Schaubild 13: Kastrationsangst bei Göttern wie bei Männern

Zeus = Sohn des Kronos. Kronos = Sohn des Uranos. Zur Erinnerung: Der Vater des Zeus heißt Kronos. Kronos hatte sich angewöhnt, alle seine neugeborenen Söhne zu verschlingen. Nur Zeus wurde mit List gerettet. Als Zeus geboren war, bekam Kronos einen in Windeln gewickelten Stein zum Fraß vorgelegt. Zeus aber wurde nach Kreta gebracht und dort von einer Nymphe – der Ziege Amaltheia – aufgezogen. Warum Kronos seine Söhne vertilgen wollte? Kronos selbst hatte auf Verlangen seiner Mutter seinen Vater Uranos mit einer steinernen Sichel im Schlaf entmannt. Nun fürchtete er, daß ihm Gleiches von seinen eigenen Söhnen widerfahren werde: Kastrationsangst seit der zweiten Generation der Götter!

Freud, S.: Vorlesung zur Einführung in die Psychoanalyse. Berlin 1935.
Dührssen, A.: Psychogene Erkrankungen bei Kindern und Jugendlichen. Göttingen 1955.
Greve, W./Roos, J.: Der Untergang des Ödipuskomplexes. Göttingen 1996.

Kapitel 17
Menschen sind so kriminell

Pantoffelkino als Angstmacher

Heutzutage bestehen die meisten Familien aus einem oder zwei Elternteilen, einem oder mehreren Kindern ... und einem oder meist mehreren Fernsehgeräten. Kindheit heißt Fernsehkindheit: Kinder in Deutschland, Österreich und der Schweiz verbringen im Durchschnitt elftausend Stunden in der Schule und fünfzehntausend Stunden vor dem Fernsehgerät. Dabei verfolgen Kinder im Fernsehen zehntausend Morde. Das Ergebnis: TV-Junkies – TV-Vielseher – nehmen die Welt krimineller wahr, als sie in Wirklichkeit ist. Ergo haben sie auch mehr Angst.
Noch drastischer durchsetzt die Gewalt das Fernsehen in den USA: Achtzehnjährige amerikanische Jugendliche haben rund zweiundzwanzigtausend Fernsehstunden konsumiert und dabei fünfundzwanzigtausend Morde gesehen.

TV-Vielseher

Die Fernsehwirklichkeit färbt sich in die Lebenswirklichkeit der Menschen ein. Vielglotzer nehmen ihre eigene Umwelt verzerrt durch die »TV-Brille« wahr: TV-Vielseher machen in ihrer Umgebung ein gewaltiges Ausmaß an Gewalt aus, weshalb sie zu Ängstlichkeit, ja Überängstlichkeit neigen.

TV-Vielseher glauben häufiger, daß

- fünf Prozent der Erwerbstätigen (und nicht bloß ein Prozent) bei der Polizei arbeiten,
- die Wahrscheinlichkeit, innerhalb einer beliebigen Woche in irgendeine Art von Gewalttätigkeit verwickelt zu werden, bei eins zu zehn (und nicht wie tatsächlich bei eins zu hundert) liegt.

Nr. 134: Der Krimi-Effekt

Bonfadelli, H.: Der Einfluß des Fernsehens auf die Konstruktion der sozialen Realität: Befunde aus der Schweiz zur Kultivierungshypothese. Rundfunk und Fernsehen, 1983, 415–430.

Bronfenbrenner, U.: Wie wirksam ist die kompensatorische Erziehung? Stuttgart 1974.
Postman, N.: Das Verschwinden der Kindheit. Frankfurt 1983.

Wo leben Sie sauberer, sicherer, strahlender?

Ein Koloß von mehr als sieben Millionen Einwohnern – chaotisch, unregierbar, das *war* New York. New York stand für Sündenpfuhl, organisiertes Verbrechen, mörderischen Drogenkrieg und Polizeikorruption. Peep-Shows am Times Square, Schnapsleichen und Fixer in nach Urin stinkenden Hauseingängen, Pappkartonbehausungen der Obdachlosen auf Bürger- und Bahnsteigen, Dreck in Parks und Straßen, Polizeischutz in U-Bahnen, Wandschmierereien in Serie und an Ampelkreuzungen die Scheibenputzer mit fordernd aufhaltender Hand. New York war der am meisten furchteinflößende Platz auf Erden.
Heute geht statt dessen das Glanzbild vom »neuen« New York um die Welt: sauber, sicher, strahlend. Und kein Ende der guten Nachrichten aus Übersee: Nicht nur der wirtschaftliche Erfolg der Vereinigten Staaten treibt den Politikern des alten Kontinents regelmäßig Tränen in die Augen. Nein, jetzt wackelt auch noch eine der letzten Bastionen europäischer Überlegenheitsgefühle: Die Kriminalität ist in den amerikanischen Großstädten in den letzten Jahren drastisch zurückgegangen, während hierzulande der Trend eher in die umgekehrte Richtung weist. Einmal mehr fragen wir uns mit den Fachleuten: Wie machen das die Amis bloß?

Ein zerbrochenes Fenster ist mehr als ein zerbrochenes Fenster

Die Amerikaner stellten einen Zusammenhang zwischen dem Zustand von Quartieren und der Kriminalität in den betreffenden Stadtvierteln her. Dabei spielt der Broken-windows-Effekt die Schlüsselrolle: Ein zerbrochenes Fenster, das nicht instand gesetzt wird, ist ein Zeichen dafür, daß niemand sich um die Ordnung kümmert. Ist erst einmal ein Fenster eines Gebäudes eingeworfen, gibt es kein Halten mehr; bald schon werden alle Scheiben eingeschlagen sein. Häuser mit zerbrochenen Fenstern werden aber schnell zum Freiwild für Leute, die etwas plündern wollen. Der nächste Schritt in dieser Entwicklung ist die Ausbreitung zunächst leichter, dann immer schwererer Kriminalität. Deshalb müssen zur Verbrechensbekämpfung alle zerbrochenen Fenster umgehend repariert werden. Die Ordnung muß auch gegenüber kleinsten Gesetzesverstößen mit »Zero tolerance« (»Null Toleranz«) aufrechterhalten werden. Die Polizei hat aus dem Broken-windows-Effekt eine neue Taktik gelernt: verhindern, daß überhaupt eine Scheibe eingeschlagen wird, selbst kleine Vergehen unnachgiebig ahnden und damit ein Ausufern der Kriminalität verhindern.

»Zero tolerance« in New York

Ein Haus, in dem eine zerbrochene Scheibe nicht repariert wird, ruft Randalierer auf den Plan, bewirkt Vandalismus und führt dazu, daß am Ende keine einzige Scheibe mehr intakt ist. Ein Stadtviertel in ursprünglich ordentlichem Zustand kann auf diese Weise in wenigen Monaten zum Dschungel werden. Hinter dem Broken-windows-Effekt verbirgt sich die Überlegung, daß zuerst die scheinbar »banalen Probleme« eines Wohnviertels behoben werden müssen, wie zum Beispiel Ordnungsverstöße aller Art (Bettelei, Urinieren in der Öffentlichkeit, Alkoholkonsum in der Öffentlichkeit, Ruhestörung, Graffiti, Schwarzfahren), um eine erfreuliche Kettenreaktion in Bewegung zu setzen, die schließlich über die Steigerung der Lebensqualität in die Beseitigung größerer Probleme mündet. In New York ist die Kriminalitätsrate innerhalb von drei Jahren (1994–1997) um siebenunddreißig Prozent gesunken, die Rate der Tötungsdelikte sogar um fünfzig Prozent.

Nr. 135: Der Broken-windows-Effekt

Wilson, J./Kelling, G.: The Police and Neighborhood Safety: Broken Windows. In: The Atlantic Monthly, March 1982.
Binninger, C./Dreher, G.: Der Compstat-Prozeß: Die Erfolge der New Yorker Polizei in der Kirminalitätsbekämpfung. In: Die Polizei, 1997, 329–331.

Lug und Trug: Wie erkennen wir ehrliche Menschen?

Wie unterscheiden Sie ehrliche von betrügerischen Menschen? In Warenhäusern wird geklaut. Steuerpflichtige hinterziehen. Angestellte gehen in Geschäften dem Müßiggang nach. Versicherte üben Versicherungsbetrug. Arbeitsuchende täuschen Fähigkeiten oder Eigenschaften vor, die sie nicht besitzen. Dem Bibelkundigen fällt Jakob ein, der seinen Bruder Esau um das Erstgeborenenrecht betrügt und den väterlichen Segen erschleicht, indem er sich für Esau ausgibt. Der Lügenbaron von Münchhausen erlog zu seiner und unserer Freude schöne Geschichten. Als Odysseus den Trojanern das Trojanische Pferd unterschob, war das sicherlich Trug, angesichts der schlauen Idee sprechen wir allerdings eher von einer List. Die Biologen berichten, daß auch Tiere trügerisch handeln. Berühmt ist der Kuckuck, der seine Nachkommen in Form eines Kuckuckseis anderen Vögeln ins Nest legt.

Ehrlichkeit senkt Transaktionskosten

Ehrliche Menschen, denen man ihre Ehrlichkeit ansehen kann, können Geschäfte mit geringen Transaktionskosten abschließen. Transaktionskosten sind Kosten, die mit dem Abschluß und der Einhaltung eines Vertrags verbunden sind. Pinocchio sehen wir die Ehrlichkeit an. Er verursacht die geringsten Transaktionskosten. Warum? Pinocchio ist in der zunächst wenig beneidenswerten Lage, daß bei einer Lüge seine Nase wächst. Die sichtbare Langnase ist jedoch nur ein scheinbarer Nachteil. Denn aufgrund seiner Unfähigkeit zur Lüge gibt Pinocchio überprüfbare Versprechen ab, der Wahrheit verpflichtet, ohne kostspielige Signale aussenden zu müssen. Die Pinocchio-Nase ist ein »transaktionskostensenkendes Instrument«. Pinocchios Nase begründet Vertrauen in seine Zuverlässigkeit. Bei Pinocchio kann man sich auf das gesprochene Wort oder den Handschlag verlassen. Bei Mißtrauen sind hingegen umfangreiche Absicherungen notwendig.

Nr. 136: Der Pinocchio-Effekt

Wiese, H.: Ökonomie des Lügens und Betrügens. Kölner Zeitschrift für Soziologie und Sozialpsychologie, 1994, 65–79.

Kapitel 18
Menschen sind so bestialisch

Wann gehorchen Menschen blind?

Selbst Menschen, die sich im Alltag einwandfrei benehmen, begehen unter der Anleitung oder dem Befehl von Autoritäten bestialische Handlungen gar mit grausamen und zerstörerischen Auswirkungen. Diese weitreichende Entdeckung des blinden Gehorsams verdanken wir dem Milgram-Experiment: Ein nicht unwesentlicher Teil der Menschen folgt blindlings allem, was man ihnen aufträgt, ohne nach den Folgen zu fragen, so lange für sie nur feststeht, daß der Befehl von einer legitimen Autorität stammt.

Der weiße Kittel macht gehorsam

Im eindrücklichen Milgram-Experiment spielt ein eingeweihter Versuchsgehilfe ein »Opfer«, dem für Fehler in Lernaufgaben ständig stärkere Elektroschocks verabreicht werden. Der Versuchsleiter – eine Autorität in einem weißen Kittel – befiehlt der Versuchsperson die Verabreichung von Elektroschocks. Das Opfer stöhnt überzeugend, klagt über Herzbeschwerden und schreit schließlich in Todesangst auf. Der Schauspieler, der das Opfer mimt, bekommt in Wirklichkeit natürlich keine Elektroschocks.

Nun könnten wir annehmen, daß eher wenige Menschen sich dazu bereit finden, einem anderen einen schmerzhaften Elektroschock zu versetzen, nur weil ein Herr im weißen Kittel eine entsprechende Anordnung gibt. Doch zweiundsechzig Prozent der Versuchspersonen – männliche Erwachsene übrigens – beugen sich dem Befehl, obwohl sie laute Schmerzensschreie des Opfers aus dem Nachbarraum vernehmen. Fast ohne Ausnahme lassen sich unbescholtene und normalerweise verantwortungsbewußte Menschen von den Lockungen und Drohungen der Autorität im weißen Kittel einschüchtern, ja lassen sich ohne Widerrede auf eine Handlung ein, deren Härte und Verantwortungslosigkeit sie eigentlich erkennen müßten.

Stromstoß

Milgrams Experiment eröffnet den Weg, jene Bedingungen herauszufinden, die den Gehorsam steuern: Steht das Opfer den Versuchspersonen nahe, gehorchen die Versuchspersonen seltener. Befindet sich das Opfer nicht im Nebenraum, sondern in demselben Raum nur etwa einen halben Meter von der Versuchsperson entfernt, leisten noch vierzig Prozent der Versuchspersonen dem Versuchsleiter Gehorsam. Müssen die Versuchspersonen gar die Hand des Opfers auf eine Platte drücken, um ihr den Stromstoß zu versetzen, gehorchen»nur« noch dreißig Prozent.
Sobald die Versuchspersonen beobachten können, wie andere den Opfern Stromstöße verabreichen sollen, sich jedoch den Aufforderungen widersetzen und mittendrin das Experiment abbrechen, gehorchen gerade noch zehn Prozent der Versuchspersonen dem Versuchsleiter. Das soziale Modellverhalten räumt dem Individuum die Möglichkeit ein, sich den Forderungen der Obrigkeit zu widersetzen.

Nr. 137: Der Autoritäten-Effekt
Der Weiße-Kittel-Effekt
Der Blinde-Gehorsam-Effekt

Milgram, S.: Das Milgram-Experiment. Reinbek 1974.
Ders.: Obedience to Authority. London 1974.
Ders.: Some Conditions of Obedience and Disobedience to Authority. Human Relations , 1965, 18, 57–76.

Der Mord an Catherine Genovese

Bei Überfällen, Gewaltverbrechen und Raubmorden in der Öffentlichkeit sehen Menschen oft teilnahmslos zu – statt Hilfe zu leisten. Eine der wohl erschütterndsten Geschichten ist der Mord an Catherine Genovese, einer jungen Frau, die in Queens, New York, lebte.

Der Mörder kehrt dreimal zurück!

In der »New York Times« vom 27. März 1964 ist zu lesen: »Mehr als eine halbe Stunde lang waren 38 ehrbare und unbescholtene Bürger aus Queens Zeugen eines Vorfalls, in dessen Verlauf ein Mörder im Kew Gardens Park eine Frau dreimal überfiel und niederstach. Zweimal hatten ihn die Stimmen aus der Nachbarschaft und der Schein der plötzlich aufleuchtenden Nachttischlampen unterbrochen und davongeschreckt. Jedesmal kehrte er jedoch zurück, suchte sein Opfer auf und stach wieder darauf ein. Nicht eine einzige Person kam während des Überfalls auf die Idee, die Polizei zu alarmieren, nur ein Zeuge rief die Polizei, nachdem die Frau schon tot war.«

Niemand hilft

Warum riefen die achtunddreißig Zeugen nicht die Polizei in den langen fünfunddreißig Minuten, während denen Catherine Genovese überfallen wurde? Später sagten die Zeugen aus, warum sie nicht geholfen hatten:

»Ich wollte nichts damit zu tun haben.«
»Wir dachten, es handle sich um einen Streit unter Liebespaaren.«
»Ehrlich gesagt, wir hatten Angst.«
»Ich wollte nicht, daß mein Mann darin verwickelt würde.«
»Ich war zu müde und legte mich wieder ins Bett.«

Verantwortung abschieben

Das Verhalten von Zuschauern, die in Notsituationen voll »daneben« stehen und zuschauen, ist nur im Zusammenhang mit den Gruppennormen zu sehen. Es ist möglich, daß im Falle der Catherine Genovese jeder Zeuge in den gegenüberliegenden Wohnungen Personen und Lichter beobachtet hatte und daraus folgerte, daß auch andere Leute zusehen. Dadurch wurde es für jeden einzelnen möglich, die individuelle Verantwortung von sich zu weisen. Da sich die Verantwortung nun gleichmäßig auf alle verteilte, war sie abgeschoben.

Teilnahmslos heißt verantwortungslos

»Die anderen werden schon etwas unternehmen«, besänftigen und beschwichtigen sich teilnahmslose Menschen. Teilnahmslose Menschen übernehmen keine Verantwortung – sie schreiten nicht zur Tat, sie greifen nicht ein, sie greifen nicht durch. Das Unheil, das Verbrechen nimmt seinen Lauf, der Mörder kann gar wiederholt zuschlagen. Teilnahmslose Menschen stehen lieber auf der Tribüne als in der Arena. Teilnahmslose Menschen stehen lieber voll »daneben« als mittendrin in der Verantwortung.

Nr. 138: Der Tribünen-Effekt

Darley, J. M./Latané, B.: Bystander Intervention in Emergencies: Diffusion of Responsibility. Journal of Personality and Social Psychology, 1968, 8, 377–383.

Der Massenmensch in der Menschenmasse

In seiner »Psychologie der Massen«, erstmals 1895 erschienen und in viele Sprachen übersetzt, vergleicht der französische Arzt und Völkerkundler Gustave LeBon (1841–1931), zugleich Altmeister der Massenpsychologie, den Menschen in der Masse mit einem kopflosen Tier.

Das Verantwortungsgefühl schwindet

»Der einzelne Mensch erlangt in der Masse schon durch die Tatsache der Menge ein Gefühl unüberwindlicher Macht, welches ihm gestattet, Trieben zu frönen, die er für sich allein notwendig gezügelt hätte. Er wird ihnen um so eher nachgeben, als durch die Namenlosigkeit und demnach auch Unverantwortlichkeit der Masse das Verantwortungsgefühl, das die einzelnen stets zurückhält, völlig schwindet: Schwinden der bewußten Persönlichkeit, Vorherrschaft des unbewußten Wesens, Neigung zur unverzüglichen Verwirklichung der eingeflößten Ideen. Der einzelne ist nicht mehr er selbst, er ist ein Automat geworden, dessen Betrieb sein Wille nicht mehr in der Gewalt hat.«

Triebwesen

»Allein durch die Tatsache, Glied einer Masse zu sein, steigt der Mensch also mehrere Stufen von der Leiter der Kultur hinab. Als einzelner war er vielleicht ein gebildetes Individuum, in der Masse ist er ein Triebwesen, also ein Barbar.«

Nr. 139: Der Barbaren-Effekt

LeBon, G.: Psychologie der Massen. Stuttgart 1964.

Mit den Wölfen aufwachsen

Wie sieht menschliches Verhalten ohne soziale Kontakte aus? Aufmerksamkeit erheischen Berichte von urwüchsigen und ungezähmten Kindern, die in der Gesellschaft wilder Tiere aufgewachsen sind. Die vielleicht bekannteste Geschichte ist der Bericht von der Entdeckung zweier Mädchen, die etwa hundertzwanzig Kilometer von Midnapur (Indien) in einem Rudel Wölfe lebten.

Eines der »Wolfsmädchen«, das man Kamala nannte, war ungefähr acht Jahre alt, während das andere, Amala, etwa eineinhalb Jahre zählte. Wie es zu ihrem Zusammenleben mit den Wölfen in einer Höhle gekommen war, blieb im dunkeln. Niemand aus dem nahe liegenden Dorf schien zu wissen, wer die Mädchen waren und wie lange sie zuvor mit anderen Menschen gelebt hatten. Man hielt es jedoch für möglich, daß die beiden Mädchen seit frühester Kindheit mit den Wölfen gelebt hatten und von ihnen gesäugt worden waren.

Als man Kamala und Amala auffand, konnten sie nicht sprechen, und die einzigen Laute, zu denen sie fähig waren, waren ein tiefes Grollen und ein lautes Kreischen. In ihrem Verhalten glichen sie mehr Tieren als Menschen. Wie Wölfe aßen sie nur vom Boden und benutzten dabei fast nie ihre Hände. Sie gingen nicht aufrecht, sondern liefen auf allen vieren. Wie berichtet wurde, waren sie bei ihrer Entdeckung äußerst erschreckt und bissen und kratzten wild um sich, um sich zu verteidigen. Die Dorfbewohner, die die Mädchen auffanden, brachten sie zum Missionar des Dorfes, einem Mister Singh, der alles daransetzte, die Mädchen von nackten Tieren in zivilisierte menschliche Wesen zu verwandeln.

Kamala – das Wolfsmädchen

Amala starb kurz nach ihrer Gefangennahme. Kamala überlebte. Während sie sich in Mr. Singhs Obhut befand, führte er ein Tagebuch über sie und machte einige Fotos von ihrer tierähnlichen Körperhaltung. Noch lange Zeit, nachdem sie zur Missionsstation gebracht worden war, behielt Kamala das wolfsähnliche Verhalten bei. Sie konnte mit so großer Geschwindigkeit auf allen vieren laufen, daß sie ohne weiteres Kaninchen fangen konnte, die sie mit Vorliebe unmittelbar nach dem Fang roh verschlang. In der Nacht pflegte sie, wie ein Wolf laut aufzuheulen, konnte andererseits aber keinen Laut menschlicher Sprache äußern. Anfangs weigerte sie sich konsequent, Kleider zu tragen. Sie zeigte wenig Interesse an anderen Kindern, es sei denn, sie befanden sich im Krabbelalter, dann pflegte sie auf allen vieren mit ihnen herumzurutschen. Wenn die Kleinen jedoch etwas Außergewöhnliches taten, wurden sie von ihr geschlagen, gebissen oder gekratzt. Nach neun Jahren aufopferungsvoller Pflege und Erziehung war es gelungen, Kamala einen beschränkten Wortschatz beizubringen (fünfzig Wörter im Alter von siebzehn Jahren!). Sie konnte aufrecht gehen, gekochte Mahlzeiten essen und Kleidung tragen. Schließlich lernte sie auch, zu lachen und zu weinen und »menschliche« Empfindungen zu zeigen und auszudrücken. Nie erreichte sie ein für ihr Alter normales Niveau.

Wissenschaftlich nicht abgesichert

Die stets weitererzählte Geschichte vom Wolfsmädchen Kamala stützt sich auf Erlebnisberichte aus zweiter Hand, die von nichtwissenschaftlichen Beobachtern stammen. Im Jahre 1959 unternahmen die zwei Wissenschafter William Ogburn und Nimal Bose eine Reise nach Nordindien. Es gelang ihnen nicht, die berühmte Geschichte von Amala und Kamala auch nur teilweise zu bestätigen. Sie konnten nicht einmal die Stelle ausfindig machen, an der die Kinder angeblich aufgefunden worden waren. Sie folgerten daraus, daß man über Amala und Kamala nicht mehr erzählen könne, als daß es sich um zwei höchst beschränkte kleine Mädchen ohne Sprache gehandelt haben mußte, die auf einer Missionsstation bei einem wissenschaftlich wenig zuverlässigen Mr. Singh gelebt hatten.

Soziale Kontakt in der frühen Kindheit

Eine Wolfsmutter würde sich ohnehin nur dann um ein Kind kümmern, wenn sie ihr eigenes Junges verloren hätte. Wolfsmütter säugen ihre Jungen ungefähr zwei Monate lang, so daß Kamala als Säugling durch einen unglaublichen Zufall die Zitzen hätte finden müssen. Es wäre ein außergewöhnlicher Zufall, wenn ein Kind ein derartiges Schicksal überleben würde. Wenn auch ernstzunehmende Zweifel darüber bestehen mögen, daß Amala und Kamala tatsächlich von Wölfen aufgezogen wurden, kann die Tatsache, daß sie als Kinder aller menschlichen Kontakte beraubt waren, wohl kaum geleugnet werden. Die Vermutung liegt nahe, daß es sich bei ihnen um von Geburt an geistesschwache Mädchen handelte, die von ihren verzweifelten Eltern ausgesetzt wurden, so daß sie sozial isoliert aufwuchsen. Doch kann man aus dem tierähnlichen Verhalten der Kinder schließen, daß sich das einzigartige menschliche Verhalten ohne sozialen Kontakt mit anderen menschlichen Wesen nicht entwickeln kann.

Nr. 140: Der Wolfsmädchen-Effekt

Ogburn, W./Bose, N.: On the Rail of the Wolf-Children. Genetic Psychological Monographs, 1959, 60, 117–193.

Kapitel 19
Exkurs: Tiere sind so menschlich

Katzen wissen: Nichts ist erfolgreicher als der Erfolg

Dem Begriff »Lernen am Erfolg« liegt das Studium von Katzen in einem Käfig zugrunde. Thorndike sperrte eine hungrige Katze in einen Käfig. Die Tür des Käfigs war durch Betätigung eines Hebels zu entriegeln. Außerhalb des Käfigs wurde, für die Katze gut sichtbar, leckeres Futter dargeboten.

Wie kommt die Katze an den Futtertrog heran?

Thorndike konnte beobachten, daß das Versuchstier – nach einer Reihe von erfolglosen Verhaltensweisen – den richtigen Hebel zunächst zufällig berührte und zum Futter gelangte. Je häufiger das Tier in aufeinanderfolgenden Versuchsdurchgängen den richtigen Hebel betätigte (»diskriminierte«) und dadurch das Futter erreichte, um so weniger Zeit benötigte es danach, den Öffnungshebel zu bedienen. Thorndike erklärt das Lernen seiner Tiere mit dem Erfolg, nämlich Zugang zum Futter, den deren Handlung zeitigte.

Nr. 141: Der Katzenfutter-Effekt

Edelmann, W.: Lernpsychologie. Weinheim 1996.
Skinner, B. F.: Walden Two. New York 1948.
Thorndike, E. L.: Animal Intelligence. Psychological Monographs, 1898, 2, No. 8.

Affen leben solidarisch: Sex sei Dank?

Noch bis vor kurzem galt Sex als vorherrschender Magnet für den Zusammenhalt bei Affen. Heute neigen Forscher dazu, der Sexualität eine geringere Bedeutung als Grundlage für die Vergemeinschaftung von Affen zuzugestehen. Warum? Zunächst gibt es keine durchgehende Paarungszeit bei geschlechtsreifen Weibchen. Das Affenweibchen hat eine sieben Monate dauernde sexuelle Latenzphase. Wenn die Paarungszeit vorbei ist, besteht der Gruppenzusammenhang jedoch fort, die »nicht heißen« Weibchen verlassen die Gruppe nicht.

Gelebte Affensolidarität

Die Erklärung für den Herdentrieb und das Zusammenleben von Primaten in geschlossenen Gruppen mit sehr stabiler Mitgliedschaft muß daher nicht beim Sex gesucht werden. Affen leben zusammen zwecks Verteidigung ihres Lebensraumes. Der Zusammenhalt in einer Gruppe (»Affensolidarität«) erlaubt eine wirkungsvolle Verteidigung des gemeinsamen Gebiets gegen unerwünschte Eindringlinge, deren Anwesenheit das Bevölkerungs- und Nahrungsgleichgewicht ins Wanken bringen könnte. Da die Gruppenmitglieder einander vor Gefahren warnen, bedeutet die Gruppensolidarität gleichzeitig eine Überlebensmöglichkeit für jedes einzelne Mitglied der Herde. Auf sich gestellte Tiere werden viel eher getötet. Falls einzelne Affen durch Krankheit oder Abirrung von der Gruppe getrennt werden, versuchen die anderen Mitglieder der Herde verzweifelt, durch lautes Kreischen den Kontakt wiederherzustellen.

Nr. 142: Der Affen-Effekt

Altmann, S. A.: The Social Behavior of Anthropoid Primates: An Analysis of Some Recent Concepts. In: Bliss, E. L. (Hrsg.): Roots of Behavior. New York 1962, 277–285.

Graugänse folgen blindlings dem Nächstbesten

Der bedeutende österreichische Verhaltensforscher Konrad Lorenz (1903–1988) machte eine erstaunliche Entdeckung: Graugansküken folgen, kaum sind sie ausgeschlüpft und machen die ersten Laufversuche, nicht zwangsläufig dem Muttertier, sondern ziemlich blindlings demjenigen Lebewesen, das sich gerade in ihrer Nähe befindet. Diese erstaunliche Folgebereitschaft der Graugansküken entsteht um die sechzehnte Lebensstunde herum.

Grauganskuken werden früh geprägt

Diese frühe »Prägung« stellt einen schlagartigen Lernakt dar: Gänse, die auf einen Menschen geprägt und dann zu ihren Artgenossen zurückgebracht werden, weigern sich, bei ihrer Gänsemutter zu bleiben. Sie laufen zurück zu ihrer menschlichen »Mutter« oder schließen sich irgendeinem anderen Menschen an, der gerade vorbeikommt. Konrad Lorenz selbst hat für ganze Generationen von Grauganskuken die »Mutter« gespielt.

Die Prägung unterscheidet sich in vier Punkten von anderen Lernformen:

1. Prägung findet nur während einer kurzen kritischen Phase statt (bei Gänsen um die sechzehnte Lebensstunde herum);
2. Prägung ist unumkehrbar, kann also nicht rückgängig gemacht werden (»irreversibel«);
3. Prägung kann einen Schüsselreiz verankern, lange bevor das festgelegte Verhaltensmuster gezeigt wird (zum Beispiel kann ein Sexualobjekt durch frühe Prägung unbewußt festgelegt werden, lange bevor das Tier sexualreif wird);
4. Prägung bezieht sich nicht auf ein Individuum, sondern auf eine Gruppe ähnlicher Individuen (die Gänse waren nicht nur auf Lorenz selbst geprägt, sondern auf Menschen im allgemeinen).

Ob Prägung in dieser Form bei Säugetieren oder sogar beim Menschen stattfindet, bleibt umstritten. Wie dem auch sei, Führen und Folgen ist beim Menschen keinesfalls so starr festgelegt wie bei Gänsen. Doch folgende Entdeckung bleibt überlegenswert: Lernen Sie beliebige Menschen eben erst kennen, halten Sie sich von Beginn an viel in deren Nähe auf, so folgen Ihnen diese Menschen enger und länger ...

Nr. 143: Der Graugans-Effekt

Hess, E.: Imprinting in Birds. Science, 1964, 1128–1139.

Lorenz, K.: Er redete mit dem Vieh, mit den Vögeln und den Fischen. München 1949.

Ders.: Das sogenannte Böse. München 1963.

Sind Bienen die besseren Gewohnheitstiere?

Bienen besuchen konstant entweder blaue oder gelbe Blumen. Landet eine Biene zuerst auf einer blauen Blume, besucht diese Biene stets blaue Blumen. Fliegt eine Biene das erste Mal eine gelbe Blume an, trinkt sie in der Folge immer von einer gelben Blume. In dreitausendzwanzig Anflügen landeten nur siebzehn Bienen nicht auf einer Blume der Farbe, die sie als erstes angesteuert hatte. Bienen sind halt – wie Menschen – Gewohnheitstiere.

Nr. 144: Der Bienen-Effekt

Hill, P./Wells, H.: Spontaneous Flower Constancy and Learning in Honey Bees as a Function of Colour. Animal Behaviour, 1997, 615–627.

Hühner lieben nur eine Ordnung – die Hackordnung

Das Alpha-Tier steht in der Hackordnung im Hühnerhof am höchsten, schlägt die Flügel am kräftigsten, pickt die Körnchen am zielsichersten und darf die gesamte Hühnerschar »hacken«. In jedem Fall besteht der »Nutzen« der Hackordnung in einem einigermaßen dauerhaften Gefüge der Beziehungen, das vermeidet, daß sich die Hühner um jeden Regenwurm aufs neue raufen. Die Hackordnung tritt am häufigsten beim Füttern auf und bestimmt weitgehend die Verteilung des Futters. Das dominante Tier kommt bei der Fütterung vor dem untergeordneten, das untergeordnete macht dem übergeordneten Platz und überläßt ihm sogar Futter, das es schon aufgepickt hat.

Nr. 145: Der Alpha-Tier-Effekt

Schjelderup-Ebbe, T.: Beiträge zur Sozialpsychologie des Haushuhns. Zeitschrift für Sozialpsychologie, 1992, 88, 225–252.

Wer ist die Nummer eins?

Das Tier an der Spitze eines dreiecksförmigen Zugvogelverbandes bestimmt den Kurs und die Fluggeschwindigkeit. Versprengte Gruppen oder Einzeltiere, die vom Verband abgekommen sind, sind häufig hilflos – führerlos. Führer(-tiere) sind kräftiger, erfahrener und instinktsicherer.

Nr. 146: Der Dreizack-Effekt

Gelegentlich sind wir über die Ähnlichkeit zwischen menschlicher und tierischer Dominanz überrascht: Paart sich ein Dohlenmännchen mit einem statusniedrigeren Dohlenweibchen, so steigt das Weibchen sprungartig in der Hackordnung auf und macht von der »angeheirateten« neuen Rangordnung ausgiebig Gebrauch.

Nr. 147: Der Hochzeits-Effekt

Bei Schafen hält ein Leittier, dem man eine Glocke umgehängt hat, circa zwei- bis viertausend Tiere zusammen. Fehlt die Glocke, so zerfällt die Herde in Gruppen von sechs bis zwölf Tieren mit je einem Leittier.

Nr. 148: Der Glocken-Effekt

Bei einer Schimpansengruppe konnte beobachtet werden, daß ein Männchen seinen Rang erheblich dadurch verbesserte, daß es mit Benzinkanistern Krach schlug. Männer versuchen es mit großem Mundwerk, Lautsprechern und Schlagzeilen.

Nr. 149: Der Benzinkanister-Effekt

Lorenz, K.: Vergleichende Verhaltensforschung. Grundlagen der Ethologie. München 1978.

Mäusekolonien leiden unter tierischem Streß

Überbevölkerung bedeutet Knappheit oder sogar Erschöpfung der natürlichen Vorräte an Lebensmitteln, Wasser oder Lebensgefährten. Eine hohe Bevölkerungsdichte erzeugt »tierischen« Streß. Bei Mäusen zum Beispiel führt Überbevölkerung in Käfigen zu merklich vergrößerten Nebennieren (ein Zeichen für Streß), später entwickelter Geschlechtsreife, sexueller Abnormität, verminderter Fortpflanzung, Fehlgeburten, Verkürzung der Lebensdauer, verringerter mütterlicher Sorge für die Jungen sowie Abbruch des Nestbaus. Wurde den übervölkerten Mäusekolonien später erlaubt, statt in einem in vier miteinander verbundenen Käfigen herumzulaufen, zu fressen und zu nisten, neigten die Tiere dazu, sich in einem der vier Käfige zusammenzurotten.

Nr. 150: Der Mäusekolonie-Effekt

Argyle, M.: Social Interaction. London 1969.
Calhoun, J.: Population Density and Social Pathology. Scientific American, 1962, 206 (2), 139–148.

Rattenzucht macht klug oder dumm

Das Ziel der Versuchsreihe von R. C. Tryon an der Universität Kalifornien war, einen Rattenstamm zu züchten, der sich in einem Labyrinth gut zurechtfindet (kluge Ratten), und einen, der sich schlecht zurechtfindet (dumme Ratten).

Kluge werden klüger, Dumme werden dümmer

Tryon begann mit einer Elterngeneration von hundertzweiundvierzig männlichen und weiblichen Ratten. Jedes Tier mußte neunzehn Läufe durch ein aus siebzehn Teilen bestehendes Laby-

rinth machen. Die klügsten Tiere machten weniger als vierzehn Fehler, die dümmsten mehr als hundertvierundsiebzig. Die klügsten Weibchen wurden dann mit den klügsten Männchen, die dümmsten Weibchen mit den dümmsten Männchen gekreuzt, die übrigen Tiere wurden aus dem Versuch herausgenommen. Die Nachkommen dieser Paarungen wurden dann im gleichen Labyrinth getestet. Aufgrund ihrer Leistungen wurden die klügsten Exemplare aller »klugen Würfe« miteinander gekreuzt und die dümmsten Tiere aller »dummen Würfe«.
Im Verlauf der neunten Generationenfolge entwickelten sich der kluge und der dumme Rattenstamm völlig auseinander. Der Zuchterfolg bestand in zwei völlig getrennten Rattenkolonien – die einen klug, die anderen dumm.

Nr. 151: Der Rattenzucht-Effekt

Tryon, R. C.: Genetic Difference in Maze Learning in Rats. National Society for the Study of Education. The Thirtyninth Yearbook. Bloomington 1940.
Krech, D./Crutchfield, R. S.: Grundlagen der Psychologie. Weinheim 1992.

Da muß ja ein Pferd lachen

Kurz nach der Jahrhundertwende machte in Deutschland ein Herr von Osten von sich reden, ein etwas schrulliger Mann, der ein Pferd namens Hans besaß. Das Pferd rechnete mit beliebigen Zahlen fehlerfrei. Mehr noch: Hans konnte Wurzeln ziehen. Hans konnte lesen. Und Hans konnte musikalische Harmonien auflösen. Alles machte der »kluge Hans« meist, indem er nach der Aufgabenstellung mit seinem Vorderhuf die richtige Lösung klopfte.

Der kluge Hans – ein Wunderpferd

Er kannte den Wert sämtlicher deutscher Münzen. Spielkarten waren ihm geläufig. Hans hatte den gesamten Kalender des laufenden Jahres im Kopf. Nicht minder gab er auf Fragen Bescheid, wie die folgende: »Wenn der achte eines Monats ein Dienstag ist, der wievielte ist dann der folgende Freitag?« Außerdem beantwortete er aus dem Kopf Fragen dieser Art: »Zwischen welchen Ziffern steht der kleine Zeiger, wenn es fünf Minuten nach halb acht ist?« Oder: »Wie viele Minuten muß der große Zeiger laufen bis dreiviertel, wenn es sieben Minuten nach viertel ist?«. Den Satz »Brücke und Weg sind vom Feind besetzt« gab Hans am folgenden Tage richtig wieder, indem er die hierzu erforderlichen Buchstaben der Reihe nach klopfte.

Ein Tier mit derartigen Fähigkeiten erregte natürlich die Gemüter, zumal in diesem Fall kaum Mogelei im Spiel zu sein schien. Herr von Osten nahm zum Nachweis seiner Glaubwürdigkeit für die Vorführung der Begabung seines Pferdes grundsätzlich kein Geld, beteuerte seine Redlichkeit und gestattete sogar die gründliche Untersuchung seines Tieres ohne seine Anwesenheit.

Eine Kommission, bestehend aus namhaften Wissenschaftern der damaligen Zeit, fand keine Lösung des Rätsels. In einem Gutachten berichtet die Kommission, daß »es sich hier um einen Fall handelt, der von allen bisherigen … prinzipiell verschieden ist … und deshalb eine ernsthafte und eingehende wissenschaftliche Untersuchung verdient.« Diese eingehende wissenschaftliche Untersuchung wurde schließlich von Oskar Pfungst veröffentlicht.

Verblüffend war für Pfungst, daß das Wunderpferd Hans seine Aufgaben meist auch dann richtig löste, wenn diese nicht von Herrn von Osten gestellt wurden.

Erweiterte Nasenlöcher – ein Hinweiszeichen

War der Aufgabensteller für Hans jedoch nicht sichtbar (Scheuklappenversuch), so war das Pferd offensichtlich irritiert, wurde unruhig und fand beim Klopfen mit dem Vorderhuf kein rechtes Ende. Ähnlich verhielt sich Hans, wenn der Aufgabensteller zwar sichtbar war, selbst jedoch die Lösung nicht kannte. Pfungst schloß daraus, daß Hans auf bestimmte, vom Aufgabensteller geäußerte nonverbale Hinweiszeichen und nicht auf die Aufgaben selbst reagierte. Weitere Experimente bestätigten dies. Eine Kopfneigung

des Versuchsleiters brachte Hans selbst ohne Aufgabenstellung zum Klopfen. Eine leichte Aufwärtsbewegung des Kopfes, selbst eine Bewegung von Augenbrauen, veranlaßte Hans, mit dem Klopfen aufzuhören. Ja selbst eine Erweiterung der Nasenlöcher des Aufgabenstellers brachte Hans dazu, seine Aufgabe als erledigt zu betrachten.
Hans war also im Laufe des jahrelangen Trainings so empfindsam für unbewußte und fast unmerkliche Hinweiszeichen geworden, daß man wirklich vom »klugen« Hans sprechen konnte. Der Besitzer des Pferdes, Herr von Osten, glaubte allerdings nicht an die plausible Erklärung, die Pfungst gab. Von Osten starb verbittert kurze Zeit nach Veröffentlichung der Untersuchungsergebnisse.
So klug wie Hans geben sich gerne Kartenspieler – und andere Spieler – mit häufig versteckten Hinweiszeichen.

Nr. 152: Der Wunderpferd-Effekt

Pfungst, O.: Der kluge Hans. Ein Beitrag zur nicht-verbalen Kommunikation. Frankfurt 1907 (Neuauflage 1977).

Löwen brüllen stark

Die Löwen in der Serengeti, Tansania, »zählen« die Anzahl eindringender Löwen aufgrund der Lautstärke des Gebrülls. Die Löwen greifen nur an, wenn die Anzahl brüllender Eindringlinge gering ist. Ansonsten vermeiden sie einen blutigen Kampf um Platz und Standort.

Nr. 153: Der Löwengebrüll-Effekt

Heinsohn, R.: Group Territoriality in Two Populations of African Lions. Animal Behaviour, 1997, 1143–1147.

Paviane schlagen Alarm!

Bei Gefahr kreischen Tiere. Untersuchungen bei Pavianen zeigen keinen geschlechtsbedingten Unterschied beim ersten Alarmruf – mal waren es Weibchen, mal Männchen.

Kreischen Weibchen häufiger?

Weibchen schlagen nicht häufiger als Männchen Alarm. Nach dem ersten Alarmschlag verhalten sich jedoch Männchen und Weibchen anders: Weibchen kreischen häufiger, vor allem in kleinen Gruppen. Warum? In kleinen Gruppen sind die Weibchen am gefährdetsten.

Nr. 154: Der Alarm-Effekt

Cowlishaw, G.: Alarm Calling and Implications for Risk Perception in a Desert Baboon Population. Ethology, 1997, 384–394.

Auf den Hund gekommen

Der russische Physiologe Iwan Pawlow (1849–1936) entdeckte den Vorgang des »klassischen Konditionierens«. Bei der Erforschung des Reiz-Reaktions-Verhaltens kam Iwan Pawlow auf den Hund: Reizen Sie einen Hund mit etwas Fleischpulver auf der Zunge, reagiert ein hungriger Hund natürlicherweise mit Speichelfluß. Reizen Sie einen hungrigen Hund mit einem Glockenton, fließt kein Speichel, der Hund reagiert neutral. Sobald Pawlow den Glockenton einige Male zusammen mit dem Fleischpulver dargeboten hatte, war auch der Ton allein in der Lage, den Speichelfluß auszulösen! Zum Experiment:

1. Die Glocke erzeugt beim Hund keinen Speichelfluß.
Sein klassisches Experiment begann Pawlow, indem er eine Glocke ertönen ließ und feststellte, daß der Hund keinen Speichel absonderte. Es gab ja auch keinen Grund, warum der Hund diese Reaktion hätte zeigen sollen. Am Anfang gab es also keine Verbindung zwischen der Glocke und dem Speichelfluß.

2. Das Fleischpulver erzeugt beim Hund einen Speichelfluß.
Hingegen sonderte der Hund ganz natürlich Speichel ab als Reaktion auf Fleischfutter.

3. Glocke und Fleischpulver zusammen erzeugen beim Hund einen Speichelfluß.
Dann folgte eine Reihe von Versuchsdurchgängen, während derer der Klang der Glocke zugleich mit der Darbietung des Fleischfutters erfolgte.

4. Jetzt erzeugt die Glocke allein beim Hund einen Speichelfluß.
Nachdem Pawlow einige Male den Glockenklang und das Futter kombiniert hatte, ließ er einzig die Glocke ertönen, ohne dem Tier Futter zu zeigen. Diesmal geiferte der Hund schon auf den Klang der Glocke hin, obwohl er noch kein Futter zu Gesicht bekommen hatte. Dann wurden die Paarversuche (Glocke zusammen mit Fleischfutter) wiederaufgenommen, und nach einigen Durchgängen ertönte wieder die Glocke allein. Diesmal produzierte der Hund mehr Speichel als vorher. Indem Pawlow abwechselnd Paarversuche und Versuche mit dem Glockenton allein durchführte, stellte er fest, daß der Speichelfluß stärker wurde. Auf diese Weise wurde ein früher neutraler Reiz, der Glockenton, vom Tier mit Futter in Verbindung gebracht und löste ebenso wie das Futter selbst eine Speichelabsonderung (»Speichelsekretion«) aus. Der Hund war klassisch konditioniert: Speichel floß auf den Glockenton.

Pawlow nannte diesen Vorgang »klassische Konditionierung«. Schaubild 14 veranschaulicht das klassische Konditionieren nach Pawlow:

Schaubild 14: Klassisches Konditionieren

Welcher Reiz ... (Stimulus)		*... führt zu welcher Reaktion? (Response)*
1) Glockenton (CS)	→	Keine Reaktion
2) Fleischpulver (UCS)	→	Speichelfluß (UCR)
3) Paarversuch: Glockenton (CS) und Fleischpulver (UCS)	→	Speichelfluß (UCR)
	... Trainingsphase	
4) Glockenton (CS)	→	Speichelfluß (CS)

UCS = Unconditioned Stimulus, unkonditionierter Stimulus
UCR = Unconditioned Response, unkonditionierter Reiz
CS = Conditioned Stimulus, konditionierter Stimulus
CR = Conditioned Response, konditionierter Reiz

Ein unbedingter Reiz wie Fleischpulver (Unconditioned Stimulus, UCS) löst bei einem hungrigen Hund ganz natürlich und ohne Trainingsphase eine unbedingte Reaktion in Form von Speichelfluß (Unconditioned response, UCR) aus. Ein bedingter Reiz wie der Glockenton (Conditioned Stimulus, CS) verursacht bei einem hungrigen Hund erst nach einigen Wiederholungen – vorerst zusammen mit dem unbedingten Reiz Fleischfutter – eine bedingte Reaktion in Form von Speichelfluß (Conditioned response, CR). Das Fleisch gilt als unbedingter Reiz (US), der Glockenton als bedingter Reiz (CS). Sondert der Hund Speichel ab aufgrund eines Glockentons, reagiert er konditioniert (CR). Fließt der Speichel aufgrund des Fleischpulvers, reagiert der Hund unkonditioniert (UCR).

Nr. 155: Der Pawlow-Effekt

Edelmann, W.: Lernpsychologie. Weinheim 1996.
Schwartz, S.: Wie Pawlow auf den Hund kam. Basel 1988.

Humor ist, wenn man trotzdem lacht: Jüngst hat mir ein Kollege am Stammtisch ein Bier bezahlt – just als ich meine Nase putzte. Seither putze ich am Stammtisch immer wieder die Nase ... Jüngst wartete ich allzulange auf den Bus, der just um die Ecke gefahren kam, als ich die öffentlichen Verkehrsbetriebe verfluchte. Seither fluche ich immer wieder auf die öffentlichen Verkehrsbetriebe ... Jetzt sind sie dran: Jüngst ...

Hunde, wollt ihr ewig geifern?

Beim klassischen Konditionieren ruft der Glockenton allein den Speichelfluß als bedingte Reaktion hervor, selbst wenn das Fleischpulver nicht mehr auftaucht. Wird der Glockenton immer wieder allein dargeboten, verschwindet der Speichelfluß allmählich. Pawlow nannte diesen Vorgang Löschung (Extinktion).

Nr. 156: Der Extinktions-Effekt

Schwartz, S.: Wie Pawlow auf den Hund kam. Basel 1988.

Hilflose Hunde bellen nicht

Im ersten Teil des Experiments wurden Hunde in einem »Zwangskäfig« mehreren elektrischen Schlägen ausgesetzt, die sehr schmerzhaft waren und denen sie nicht entkommen konnten. Im zweiten Teil wurden diese Tiere zusammen mit anderen Hunden, die keine derartig schmerzhafte Vorbehandlung erhalten hatten, in einen sogenannten »Vermeidungskäfig« gesetzt. Dort bestand die Möglichkeit, einem elektrischen Schlag dadurch zu entkommen, daß die Hunde in einen anderen Teil des Käfigs liefen, sobald

sie ein Alarmsignal – entweder ertönte ein Summton, oder ein Licht leuchtete auf – wahrnahmen. Wie rasch und in welchem Ausmaß die Hunde ein Vermeidungsverhalten erwarben, hing von ihren Vorerfahrungen mit elektrischen Schlägen ab!
Tiere *ohne* elektrische Schläge im Zwangskäfig als Vorerfahrung reagierten auf die ersten elektrischen Schläge im Vermeidungskäfig zwar aufgeregt, lernten dann aber schnell, den Summton und das Licht als Alarmsignal (= »konditionierter Stimulus«) wahrzunehmen und fortzulaufen, um elektrische Schläge zu vermeiden.
Hingegen verfielen Tiere *mit* elektrischen Schlägen im Zwangskäfig als Vorerfahrung bereits nach den ersten Schlägen im Vermeidungskäfig in Passivität. Diese Tiere zeigten kein ausgeprägtes Vermeidungsverhalten. Im Gegenteil: Sie ließen die elektrischen Schläge gleichsam gelähmt über sich ergehen. Es ist zu vermuten, daß diese Tiere bereits im Zwangskäfig – sie konnten darin den elektrischen Schlägen nicht entkommen – ein *»Gefühl der Hilflosigkeit«* erworben hatten.

Nr. 157: Der Hilflosigkeits-Effekt

Seligman, M. E. P.: Helplessness. San Francisco 1975.

Kapitel 20
Menschen sind so egoistisch

Mutation und Selektion – und sonst rein gar nichts

Spätestens seit Darwin herrscht die Annahme, daß nur zwei Gesetze in der Natur herrschen: Selektion und Mutation. Selektion bedeutet natürliche Auslese, Mutation natürliche Anpassung. Nur der Stärkste überlebt (»Survival of the fittest«).

Selektion (natürliche Auslese): In der Natur erfolgt die Selektion dadurch, daß einige Arten in einer bestimmten Umgebung überlebens- und zeugungsfähiger sind als andere. Wer angesichts äußerer Einflüsse wie widriges Klima, Nahrungsmangel oder natürliche Feinde einen zahlreicheren und lebensfähigeren Nachwuchs hervorbringt, verfügt gegenüber Rivalen über eine größere »Fitneß«.
Der Kaiser Moulay Ismail von Marokko (1672–1727) zum Beispiel soll angeblich über tausend Kinder gezeugt haben. Seine Gene müssen also in der nächsten Generation stark vertreten gewesen sein, wohingegen die Gene der Eunuchen, die seinen Harem bewachten, gar nicht vertreten waren …

Mutation (natürliche Anpassung): Diese Fähigkeit beruht auf der Tatsache, daß Lebewesen über vererbte körperliche und verhaltensbedingte Merkmale verfügen, die auf das Leben in einer bestimmten Umgebung abgestimmt sind. Tiere mit einer größeren »Fitneß« verfügen über eine bessere Anpassung an ihre Umgebung.
Im Hinblick auf die Nahrungssuche in verschiedenen Umgebungen haben zum Beispiel die Finken auf den Galapagos-Inseln die Schnabelform verändert. Die Galapagosfinken fraßen ursprünglich Samen wie andere Finken auch. Auf den pflanzenarmen Galapagos begannen sie jedoch Insekten auf Bäumen zu suchen. Durch dieses neue Freßverhalten veränderte sich mit der Zeit ihr Schnabel und wurde demjenigen unserer Spechte ähnlich. Ohne diese Anpassung der Schnabelform wären ihre Überlebenschancen erheblich gesunken!

Nr. 158: Der Fitneß-Effekt

Darwin, C.: On the Origin of Species. London 1859.
Desmond, A./Moore, J. P.: Darwin. London 1991.
Russel, A.: The Guiness Book of Records. London 1987.
Tinbergen, N.: The Study of Instinct. Oxford 1951.

Schlauer als die Polizei erlaubt

Zwei Halunken werden wegen Verdachts auf bewaffneten Raubüberfall verhaftet. Sie werden in verschiedenen Zellen eingesperrt und von der Polizei einzeln zum Überfall verhört. Vor dem Verhör haben die Räuber keine Möglichkeit, die Sache unter sich zu besprechen. Sie können aber nur überführt werden, wenn zumindest einer die Tat eingesteht. Obwohl beide der Tat stark verdächtig sind, genügen die Beweismittel nicht, um sie zu verurteilen, so daß sich die Polizei entschließt, jedem Gefangenen einzeln ein Geschäft vorzuschlagen.

Das Dilemma der Halunken

Jeder der beiden Gefangenen hat zwei Möglichkeiten – entweder die Straftat gestehen oder die Straftat nicht gestehen.

Wenn sie beide nicht gestehen …
werden sie wegen eines geringfügigen Vergehens, zum Beispiel unerlaubten Waffenbesitzes, nur zu *einem* Jahr Gefängnis verurteilt werden können.

Wenn sie beide gestehen …
werden sie zwar vor Gericht gestellt, aber das Gericht wird mildernde Umstände geltend machen und die beiden Geständigen zu je *acht* Jahren Gefängnis verurteilen.

Wenn einer von ihnen jedoch die Tat gesteht und der andere nicht …
wird der Geständige unverzüglich auf *freien Fuß* gesetzt, weil er den Beweis für die Tat geliefert hat, während der andere die Höchststrafe von *zehn Jahren* erhält.

Das Dilemma besteht nicht in der Tatsache, daß jeder Gefangene gestehen oder nicht gestehen kann. Das Dilemma besteht in der Tatsache, daß die Entscheidung des anderen gefangenen Halunken sich stets auf die eigene Entscheidung auswirkt.

Schaubild 15: Das Dilemma der gefangenen Halunken

Gestehen oder nicht gestehen	Ergebnis für den Gefangenen A	Ergebnis für den Gefangenen B	Kommentar zu den Entscheidungen
Situation 1: »Keiner gibt den Raubüberfall zu«			
A gesteht nicht, B gesteht nicht	1 Jahr	1 Jahr	Beide werden für Kooperation belohnt – setzt blindes Vertrauen voraus
Situation 2: »A gesteht, B streitet ab«			
A gesteht, B gesteht nicht	Freilassung	10 Jahre	Der »Petzer« A wird freigelassen, der »Gefoppte« B wird bestraft
Situation 3: »A streitet ab, B gesteht«			
A gesteht nicht, B gesteht	10 Jahre	Freilassung	Der »Gefoppte« A wird bestraft, der »Petzer« B wird freigelassen
Situation 4: »Beide gestehen«			
A gesteht, B gesteht	8 Jahre	8 Jahre	Beide haben verraten und werden bestraft

Gestehen oder nicht gestehen?

Was soll nun ein »vernünftiger« Gefangener tun: gestehen oder nicht gestehen? Gestehen ist mit Ausnahme von »Situation 1« immer günstiger. Doch können sich beide darauf verlassen, daß der andere bis zum Ende des Verhörs die Tat abstreiten wird? Die Gefangenen kommen einigermaßen glimpflich davon, wenn beide sich weigern, zu gestehen. Ihr gegenseitiges Vertrauen wird mit der leichten Strafe von nur einem Jahr Gefängnis »belohnt«. Wenn aber einer der Gefangenen überzeugt ist, daß der andere nicht gestehen wird, kann er versucht sein, geständig zu sein und den anderen hereinzulegen. Diese rationale – allerdings nicht kooperative – Entscheidung bringt es mit sich, daß er auf freien Fuß gesetzt wird und dem anderen die volle Strafe zufällt. Beide Gefangenen werden es bei vernünftiger Überlegung wohl nicht wagen, die Tat zu bestreiten, denn falls der andere doch ein Geständnis ablegt, wird dem Nichtgeständigen die Höchststrafe von zehn Jahren aufgebrummt. Anstatt zehn Jahre Gefängnis zu riskieren, sind die Halunken ironischerweise beide eher zu einem Geständnis bereit und erhalten – brüderlich verteilt – je acht Jahre.

Nr. 159: Der Halunken-Effekt

Brown, R.: Social Psychology. New York 1965.
Hofstadter, D. R.: Metamagicum. Stuttgart 1988.

Frankreich schlägt Brasilien: Vive la France!

Unerwartete Ergebnisse führen viel wahrscheinlicher zu Erklärungsversuchen als erwartete. Gastgeber Frankreich fegte am 12. Juli 1998 Brasilien im Finale der Fußballweltmeisterschaften mit 3:0 vom Platz. Sieger und Verlierer stellten sich Interviews zuhauf. Wie erklärten die französischen Fußballer ihren Sieg? Wie erklärten die brasilianischen Kicker ihre Niederlage?

Schaubild 16: Ursachenzuschreibung für Sieg und Niederlage

»Attribution«	»internalisieren«: Ursachen auf die eigene Person zurückführen	»externalisieren«: Ursachen auf äußere Umstände zurückführen
»stabil«: überdauernde Ursachen	Fähigkeit	Aufgabenschwierigkeit
»instabil«: wechselhafte Ursachen	Anstrengung	Glück/Pech

Die Zuschreibung von Ursachen bei Erfolg oder Mißerfolg erfolgt – im Sport ebenso wie sonst im Leben – innerhalb von vier Zellen. Sieger schreiben den Erfolg in der Regel der Fähigkeit, der Aufgabenschwierigkeit und der Anstrengung zu. Verlierer versuchen die Gründe für die Niederlage eher instabil-external zu erklären: Das Glück hat sie im Stich gelassen, das Pech hat sie verfolgt. Die Ursachenzuschreibung nennen wir im Fachbegriff »Attribution«.

So erklärt Frankreich den Sieg

Die Franzosen internalisierten den Sieg: Zum einen hatte die französische Equipe fähiger gespielt als die brasilianische Elf – die Franzosen waren technisch überlegen gewesen (stabil-internalisierte Attribution). Zudem hatten sich die Franzosen mehr angestrengt als die Brasilianer – Einsatzwille und Kampfbereitschaft waren vorbildlich gewesen (instabil-internalisierte Attribution). Die beiden genannten Ursachenbündel führten die Franzosen auf die überdauernde Fähigkeit ihrer Spieler (Technik) und die vorübergehende Anstrengung auf dem Spielfeld (Einsatz) zurück.

Sieger schreiben den Erfolg kaum je dem Glück (instabil-externalisierte Attribution) zu. Gelegentlich begründen Sieger den Erfolg mit der Schwierigkeit der Aufgabe. Brasilien war für Frankreich eine echte Knacknuß. Doch Frankreich wächst an schwierigen Aufgaben (stabil-externalisierte Attribution): Vive la (grande) France!

Nr. 160: Der Vive-la-France-Effekt

Schaubild 17: Welche Ursachen schreibt Frankreich dem Sieg zu?

Ursachenzuschreibung: »Attribution« des Sieges durch Frankreich	»internalisieren«: Ursachen auf die eigene Person zurückführen	»externalisieren«: Ursachen auf äußere Umstände zurückführen
»stabil«: überdauernde Ursachen	*Wir sind das fähigere Team. Wir verfügen über die bessere Technik und klügere Taktik.*	*Brasilien ist zwar ein starkes Team. Doch Frankreich wächst an schwierigen Aufgaben.*
»instabil«: wechselhafte Ursachen	*Wir haben uns mehr eingesetzt. Für unser Land haben wir uns angestrengt.*	Wir hatten Glück.

Kursiv = von Siegern bevorzugte Ursachenzuschreibung

So erklärt Brasilien die Niederlage

Die Brasilianer externalisieren die Niederlage: Die brasilianische Elf war ausgerechnet im WM-Finale vom Glück verlassen. Kurz vor und während des Endspiels hatte Topskorer Ronaldo eine vorübergehende Übelkeit überfallen. So ein Pech! Dieses Pech hatte die Brasilianer in einen Schockzustand versetzt. Und schon waren Ronaldo & Co. während neunzig Minuten eine stumpfe Waffe (instabil-externalisierte Attribution).
Daß die brasilianischen Profis die Franzosen im WM-Finale etwa gar unterschätzt haben sollten, wiesen sie vehement von sich.
Wer verliert, internalisiert nicht, denn wer gibt schon gerne zu, daß eine Niederlage an niemandem sonst als an sich selbst gele-

gen hat? Um die Niederlage zu erklären, vermied Brasilien interne Ursachenbündel. Die brasilianischen Stars wollten nicht wahrhaben, daß sie technisch unterlegen waren, ja Frankreich »brasilianisch« spielte (stabil-internalisierte Attribution). Auch wiesen die erfolgverwöhnten Stars alle Ursachen zurück, die auf mangelnde Anstrengung, mangelnde Einsatzbereitschaft oder mangelnden Kampfwillen hindeuteten (instabil-internalisierte Attribution).

Nr. 161: Der Ronaldo-Effekt

Schaubild18: Welche Ursachen schreibt Brasilien der Niederlage zu?

Ursachenzuschreibung: »Attribution« der Niederlage durch Brasilien	»internalisieren«: Ursachen auf die eigene Person zurückführen	»externalisieren«: Ursachen auf äußere Umstände zurückführen
»stabil«: überdauernde Ursachen	Wir sind in puncto Technik und Taktik der französischen Mannschaft unterlegen.	Wir haben Frankreich unterschätzt.
»instabil«: wechselhafte Ursachen	Wir haben uns weniger angestrengt.	*Wir hatten einfach Pech.*

Kursiv = von Verlierern bevorzugte Ursachenzuschreibung

Nicht nur in der Sportwelt wird internalisiert und externalisiert. Auch im Berufsleben geben Erfolge und Mißerfolge tagtäglich Anlaß zu Ursachenzuschreibungen:

Dumme Lehrer – gescheite Schüler?

Ein Beispiel dafür ist der Lehrer, der eine neue Klasse übernimmt. Wenn sich die Leistungen seiner neuen Schüler verbessern, wird er dies seiner guten Lehrweise zuschreiben (internalisieren); wenn

sich die Noten verschlechtern, wird er dies der Dummheit seiner Schüler oder gar der Unfähigkeit der früheren Lehrkraft anlasten (externalisieren).
Der erfolgreiche Schweizer Financier Martin Ebner von der BZ-Bank würdigte anläßlich der Abschlußfeier der Kaufmännischen Berufsschule Schwyz am 26. Juni 1998 die jungen Berufsleute publikumswirksam: »Was Sie in den Lehrabschlußprüfungen gewußt haben, das schreiben Sie sich selbst zu. Was Sie nicht gewußt haben, das schreiben Sie den Lehrkräften zu.« Der Erfolg wird internalisiert, der Mißerfolg externalisiert.

Gute Vorgesetzte – schlechte Mitarbeiter?

Entwickeln sich neue Mitarbeiter vorteilhaft, schreibt der Vorgesetzte die Fortschritte sich selbst zu (internalisieren); werden die Leistungserwartungen nicht erfüllt, macht der Chef das Unvermögen oder die Dummheit der Mitarbeiter dafür verantwortlich (externalisieren).

Nr. 162: Der Attributions-Effekt

Weiner, B./Kukla, A.: An Attributional Analysis of Achievement Motivation. Journal of Personality and Social Psychology, 1970, 15, 1–20.
Weiner, B.: »Spontaneous« Causal Thinking. Psychological Bulletin, 1985, 97, 74–84.

Das einzige, was uns im Nacken sitzt, ist der Kopf!

Wer Entscheidungen trifft, die bei anderen Schaden anrichten, erzeugt in der Wissenschaftssprache »externe Effekte«. Mit dem Pinto produzierte Ford nicht nur ein neues Automodell, sondern auch »externe Effekte« bei den Käufern!

Lee Iacocca macht Dampf

Ende der sechziger Jahre sah sich die US-Automobilindustrie durch europäische und japanische Konkurrenz gefordert. Bis zur Marktreife eines neuen Modells brauchte Ford bislang dreieinhalb Jahre. Unter der Führung von Lee Iacocca, Präsident von Ford, erwachte Detroit aus dem Schlaf: Der neue Pinto, der erste Kleinwagen mit einem Preis von weniger als zweitausend Dollar und einem Gewicht von weniger als zweitausend Pfund, sollte binnen nur zweier Jahre auf den Markt gelangen. Das Design des Pintos erforderte den Einbau des Benzintanks zwischen der Hinterachse und der hinteren Stoßstange.
Mit dem Pinto stellte Ford einen schönen Kleinwagen her – allerdings mit einem verheerenden Schönheitsfehler: Bei einem Crash explodierte das Auto, da die Treibstoffzufuhr schlecht geplant und mangelhaft ausgeführt war.

Wie für Ford die Rechnung aufgeht

Die »National Highway Trafic Safety Administration« (NHTSA) erstellt Kosten-Nutzen-Berechnungen im Zusammenhang mit Autounfällen. Die NHTSA schätzte die Kosten bei einem Autounfall pro Todesopfer generell auf zweihunderttausendsiebenhundertfünfundzwanzig Dollar*.

*»Future Productivity Losses Direct $ 132.000, Future Productivity Losses Indirect $ 41.300, Medical Costs Hospital $ 700, Medical Costs Other $ 425, Property Damage $ 1.500, Insurance Administration $ 4.700, Legal and Court $ 3.000, Employer Losses $ 1.000, Victim's Pain and Suffering $ 10.000, Funeral $ 900, Assets (Lost Consumption) $ 5.000, Miscellaneous Accident Costs $ 200: Total Per Fatality $ 200.725.«

Mit jedem Unfall machten Konsumentenorganisationen, Rechtsanwälte und Gerichte mehr Druck (»political pressure«) auf Ford. Das Ford-Management stellte Kosten-Nutzen-Berechnung auf der Grundlage von zwei Varianten an:

Variante *»nichts tun«*: Ford unternimmt nichts. Der Pinto geht in

Feuer auf, sobald er in einen Crash verwickelt ist. Ford als Entscheidungsträger externalisiert den Schaden auf andere, die da Kunden oder Käufer heißen. Folge: ausgebrannte Autos, Verletzte mit Brandverletzungen oder gar Tote infolge von Brandverletzungen.

Variante *»umrüsten«*: Ford rüstet alle Pintos um. Die Treibstoffzufuhr wird sicherer. Bei einem Crash geht der Pinto nicht mehr in Feuer auf.

Variante 1: Nichtstun kostet Ford neunundvierzigeinhalb Millionen Dollar

Aufgrund der geschätzten Marktanteile rechnete Ford mit Folgekosten bei den Pinto-Käufern. Ford stellte sich die Frage, wie der Dollar rollen würde, falls Ford nichts täte, den Pinto also nicht umrüstete. Ford »rechnete« mit Unglücksfällen:

Schäden als Folge der Unglücksfälle:
180 Todesfälle durch Verbrennung
180 Verletzungen mit ernsthaften Verbrennungen
2100 ausgebrannte Autos

Kosten eines einzigen Unglücksfalls:
200.000 $ kostet Ford ein Todesfall
67.000 $ kostet Ford ein verletzter Pinto-Fahrer
700 $ kostet Ford ein ausgebrannter Pinto

Gesamtkosten aus den wahrscheinlichen Unglücksfällen:

Todesfälle:		180 $	×	200.000 $
Verletzungen:	+	180 $	×	67.000 $
ausgebrannte Pintos:	+	2.100 $	×	700 $
	=			49.500.000 $

Würde das Unternehmen den Pinto nicht umrüsten, müßte es mit Folgekosten von neunundvierzigeinhalb Millionen Dollar rechnen.

Variante 2: Umrüsten kostet Ford hundertsiebenunddreißig Millionen Dollar

Ford verkaufte jährlich zwölfeinhalb Millionen Pintos. Das Umrüsten jedes einzelnen Autos hätte Stückkosten von elf Dollar erzeugt. Die Gesamtkosten für das Umrüsten hätten sich demnach belaufen auf:
12.500.000 × 11 \$ = 137.000.000 \$.

Ford tut nichts – und fährt besser

Ford entschied sich für »nichts tun«. Warum? Erstens waren die Kosten der Variante »nichts tun« günstiger als die Kosten der Variante »umrüsten«. Zweitens erfüllte Ford alle (allerdings nicht gerade strengen) Sicherheitsstandards. Drittens mußte Ford Kosten sparen, um gegenüber europäischen und japanischen Autos konkurrenzfähig zu bleiben.
Im übrigen interessieren sich amerikanische Manager nicht so sehr für Sicherheit: »Safety doesn't sell.«

Nr. 163: Der Pinto-Effekt

Snoeyenbos, M./Almeder, R./Humber, J.: Business Ethics. New York 1992.

Kapitel 21
Menschen sind so ökonomisch

Ehret den Maximalisten. Und lobet den Minimalisten

Ehre, wem Ehre gebührt. Einem Maximalisten gebührt Ehre, weil er stets nur nach dem Besten strebt.
Und Schimpf und Schande, wem Schimpf und Schande gebührt: Einem Minimalisten gebührt – so ein verbreitetes Vorurteil – Schimpf und Schande, denn er schickt sich allerhöchstens an, das zu tun, was ihm gerade geheißen wird. Mitnichten! Zur Ehrenrettung der Minimalisten trete ich gerne als deren Anwalt an und auf.

Auch Minimalisten haben Rechte

Wird versucht, ein gegebenes Ziel mit möglichst geringen Mitteln zu erreichen, so wird nach dem *Minimalprinzip* gehandelt. Minimalisten streben ein gesetztes Ziel mit dem geringsten Einsatz an Mitteln an. Minimalisten setzen die Mittel stets haushälterisch-schonend ein.

Nr. 164: Der Minimalisten-Effekt

Ehret die Maximalisten

Wird dagegen versucht, genau vorgegebene Mittel so einzusetzen, daß ein höchstmögliches Ziel erreicht wird, so wird nach dem *Maximalprinzip* gehandelt. *Maximalisten* streben mit gegebenen Mitteln den größtmöglichen Zielerreichungsgrad an.

Nr. 165: Der Maximalisten-Effekt

Wie erkennen Sie Maximalisten und Minimalisten?

Ich lade Sie alle – Maximalisten und Minimalisten – ein, ein Training mit vier kurzen Aufgaben zu absolvieren. Handeln Sie nach dem Maximalisten- oder dem Minimalisten-Prinzip?

Wenn Sie versuchen, für hundert Mark ein Festessen für vier Personen zuzubereiten, handeln Sie nach dem

______________________________ -Prinzip.

Wenn Sie versuchen, ein Essen für vier Personen mit möglichst wenig Zutaten zuzubereiten, handeln sie nach dem

______________________________ -Prinzip.

Wenn Sie sich ein Wohnhaus mit zweihundert Quadratmeter Wohnfläche zum Ziel setzen und den Finanzierungsplan danach ausrichten, so handeln Sie nach dem

______________________________ -Prinzip.

Wenn Sie für einen Neubau mit fünfhunderttausend Mark auskommen müssen und versuchen, durch eine geschickte Auswahl der Handwerker und der Baumaterialien ein Haus mit hundertfünfzig bis hundertsiebzig Quadratmeter Wohnfläche zu bauen, dann handeln Sie nach dem

______________________________ -Prinzip.

Lösungsvorschläge auf Seite 232.

Hartmann, G.: Theorie und Praxis der Volkswirtschaftspolitik. Rinteln 1995.

Lösungen zur Übung »Wie erkennen Sie Maximalisten und Minimalisten?«:

1. = Maximalprinzip (Geldmittel genau vorgegeben)
2. = Minimalprinzip (Essen für vier Personen als Ziel vorgegeben)
3. = Minimalprinzip (Wohnfläche als Ziel vorgegeben)
4. = Maximalprinzip (Geldmittel vorgegeben)

Wie Sie starten, so liegen Sie im Rennen ...

Wenn Sie Verkäufer für Billardtische wären, für welchen würden Sie zuerst die Werbetrommel rühren – für das Modell für dreihundertneunundzwanzig Dollar oder das für dreitausend Dollar?

Mühsam von unten nach oben handeln

In der ersten Woche bekamen die Kunden zuerst das untere Ende der Palette und erst danach die teureren Modelle zu sehen – der klassische »Trading-up«-Ansatz. Der Durchschnittspreis der verkauften Tische lag in dieser Woche bei fünfhundertfünfzig Dollar. Die Verkäufer handelten die Kunden vom Dreihundertneunundzwanzig-Dollar-Billardtisch nur auf fünfhundertfünfzig Dollar hoch.

Nr. 166: Der Trading-up-Effekt
Der Bottom-up-Effekt

Locker von oben nach unten handeln

In der zweiten Woche wurden die Kunden gleich am Anfang zu einem dreitausend Dollar teuren Tisch geführt, ungeachtet ihrer

Vorstellungen, und bekamen erst danach den Rest zu sehen, preislich und qualitätsmäßig in absteigender Reihenfolge. Das Resultat dieser »Selling-down«-Methode: Der Preis der verkauften Tische stieg auf durchschnittlich über tausend Dollar!

Nr. 167: Der Selling-down-Effekt
Der Top-down-Effekt

Wir können ein für allemal festhalten: Wie Sie als Verkäufer starten, so liegen Sie im Rennen.

Kelley, W. G.: Sales Management. Consumers Report, 1975, 62.

Bravo! Klatschen auf Bestellung

Im Jahre 1820 gründeten zwei tüchtige Geschäftsleute namens Sauton und Porcher, beide Stammgäste des Pariser Opernhauses, ein Unternehmen mit dem Namen »L'Assurance des Succès Dramatiques«. Sauton und Porcher vermieteten ihre Angestellten und sich selbst an Sänger und Operndirektoren, die sicherstellen wollten, daß das Publikum positiv reagierte. Abends klatschten die Claqueure auf Bestellung unter der Anleitung des »Chef de claque« erfolgreich mit gekünstelter Begeisterung, so daß sich das Publikum Vorstellung für Vorstellung zu echtem Applaus animieren ließ. Tagsüber wurde abkassiert, und das in aller Offenheit ... denn der Preis blieb, wie eine Zeitungsanzeige aus der in London zu Beginn des zwanzigsten Jahrhunderts erscheinenden »Musical Times« beweist, der Öffentlichkeit keinesfalls verborgen!

Schaubild 19: Was kostet Applaus?

Applaus bei Betreten der Bühne (bei einem Herrn)	25 Lire
Applaus bei Betreten der Bühne (bei einer Dame)	15 Lire
Normaler Applaus während der Aufführung, je	10 Lire
Anhaltender Applaus während der Aufführung, je	15 Lire
Noch längerer Applaus	17 Lire
»Bravo!«- und »Bene!«-Zwischenrufe	5 Lire
»Da capo«-Rufe (um jeden Preis)	50 Lire
Stürmische Begeisterung	Preis auf Anfrage

Erstaunlich ist die Offenheit, mit der dies alles geschah. Es wurde nicht für nötig erachtet, die Claqueure zu tarnen oder sie auszutauschen, nein, oft saßen sie Vorstellung für Vorstellung, Jahr für Jahr, unter der Anleitung desselben »Chef de claque« auf denselben Plätzen.
Zeitgemäße Formen des Claqueur-Effekts sind die inszenierten Klatsch- und Lacheinspielungen im Fernsehen.

Nr. 168: Der Claqueur-Effekt

Sabin, R.: The International Cyclopedia of Musicians. New York 1964.

Alles hat seinen Preis

In einer Mailänder Boutique wurden Schmuckstücke angeboten, die im Vergleich zum verlangten Preis von hoher Qualität waren – und dennoch wollte niemand den Schmuck kaufen. Die Ladeninhaberin probierte eine Reihe der üblichen Verkaufstricks aus, um den Schmuck loszuwerden.
Die geschäftstüchtige Frau versuchte, die Aufmerksamkeit auf die Schmuckstücke zu lenken, indem sie die Artikel im Schaufenster besonders auffällig ausstellte – ohne Glück. Sie wies sogar das Verkaufspersonal an, diese Schmuckstücke besonders häufig zu

empfehlen – ebenfalls ohne Glück. Schließlich setzte sie den Preis auf die Hälfte herunter, nur um die lästigen Stücke loszuwerden, und sei es mit Verlust – wiederum ohne Glück. Schließlich warf sie den rettenden Anker: Sie verdoppelte den ursprünglichen Preis – und es war für sie eine Überraschung, daß binnen fünf Tagen alle Schmuckstücke verkauft waren.

Was nichts kostet, ist nichts wert

Es ist leicht, über die Kunden und ihre nicht besonders kluge Kaufentscheidung zu lachen. Es handelte sich um Leute, die mit der Regel »Alles hat seinen Preis« aufgewachsen sind. Und von »Alles hat seinen Preis« ist es nicht mehr weit zu »Was viel kostet, muß auch gut sein«. Diese gleichsam verinnerlichte Lebensregel »teuer = gut« (»Stereotyp«) hatte sich für die Leute immer wieder bewährt, da der Preis einer Sache normalerweise mit ihrem Wert ansteigt; ein höherer Preis bedeutet in der Regel eine höhere Qualität. Und als sie dann guten Schmuck kaufen wollten, ohne viel von Türkisen zu verstehen, verließen sie sich verständlicherweise auf den Preis als bewährtes, leicht erkennbares Merkmal, um sich ein Bild von dem Wert des Schmucks zu machen.

Nr. 169: Der Teuer-ist-gut-Effekt

Cialdini, R.: Die Psychologie des Überzeugens. Göttingen 1997.

Kleine Geschenke erhalten die Freundschaft

Wie doch Geben seliger denn Nehmen ist! Manche Verkäufer warten nicht mehr darauf, daß Kunden ins Geschäft kommen. Jede Gratisprobe hat die natürliche Eigenschaft eines Geschenks. Wer öffentlich – sei es bei einer Sportveranstaltung, sei es vor dem Supermarkt – Gratisproben verteilt, ruft in uns ein Gefühl der Verpflichtung hervor. Vielen Leuten fällt es schwer, eine Probe

von einem der stets freundlich lächelnden Menschen anzunehmen und einfach weiterzugehen. Statt dessen kaufen viele das Produkt bei nächstbester Gelegenheit – auch wenn ihnen die »Gratismüsterli« gar nicht besonders geschmeckt bzw. gefallen haben.
Der Tatsache, daß ungebetene Geschenke Verbundenheitsgefühle auslösen können, sind sich zahlreiche Organisationen bewußt: Wie häufig bekommen wir von Hilfswerken kleine Geschenke zugesandt – Ansichtskarten, Grußkarten, Schlüsselringe, persönliche Adreßaufkleber – mit einem Begleitschreiben, in dem um eine Spende gebeten wird?

Nr. 170: Der Gratisproben-Effekt

Packard, V.: The Hidden Persuaders. New York 1957.

Heute kaufen, morgen bezahlen

Kreditkarten ermöglichen uns den sofortigen Genuß von Gütern und Dienstleistungen, wobei die damit verbundenen Kosten erst Wochen später anfallen. Was bewirkt die Kreditkarte in der Hand des Kunden? Betrachten wir einen Gast im Restaurant.

Mit der Kreditkarte im Restaurant

1. Allein die Anwesenheit eines Master-Card-Signets – an der Eingangstür oder anderswo – bringt die Gäste dazu, die teureren Menüs zu wählen und mehr Geld auszugeben. *Nur so nebenbei:* Achten Sie beim nächsten Einkaufsbummel darauf, bei wie vielen Gaststätten und Geschäften ein Kreditkarten-Signet an der Eingangstür und am Schaufenster prangt …

2. Begleichen die Gäste die Rechnung, geben sie höhere Trinkgelder, wenn sie mit Kreditkarte anstatt bar bezahlen. *Nur so nebenbei:* Sag mir, wie du zahlst, und ich sag dir, wieviel Trinkgeld du gibst …

3. Die Gäste geben deutlich mehr Trinkgeld, wenn der Teller, auf dem nach dem Mahl die Rechnung gebracht wird, mit dem Symbol einer Kreditkarte beschriftet ist. *Nur so nebenbei:* Die Kellner reichen lieber Teller mit dem aufgedruckten Symbol einer Kreditkarte …

Nr. 171: Der Kreditkarten-Effekt

Feinberg, R.: Credit Cards as Spending Facilitating Stimuli. Journal of Consumer Research, 1986, 13, 348–356.
McCall, M./Belmot, H.: Ithaca College. Journal of Applied Psychology, 1996, 10.

Nicht nur Onkel Dagobert schwimmt in Dollar

Sie planen einen zweiwöchigen Urlaub in Florida. Sie wollen die Kosten im voraus abschätzen. Wahrscheinlich fangen Sie mit einem niedrigen »Anker« von siebenhundert Dollar für das Flugticket an und denken in einem nach oben ausgerichteten Anpassungsprozeß über zusätzliche Kosten nach. Wenn wir mit einem hohen »Anker« von fünftausend Dollar beginnen, die ein wohlhabender Freund für eine ähnliche Reise ausgegeben hat, denken wir nachfolgend darüber nach, welche Ausgaben eingespart werden könnten.

Was kosten zwei Wochen Florida?

Da uns beim Nachdenken nicht alle zusätzlichen oder unnötigen Kosten einfallen, führt der aufwärts gerichtete Anpassungsprozeß für gewöhnlich zu einer niedrigeren Schätzung (nicht alle zusätzlichen Kosten kommen uns in den Sinn) als der abwärts gerichtete (nicht alle unnötigen Ausgaben fallen uns ein).
Ankerbildung besagt, daß zahlenmäßige Beurteilungen oftmals in Richtung auf einen vorgegebenen Anker oder Ausgangswert ver-

zerrt werden, weil ein auf dem Gedächtnis beruhender Anpassungsvorgang häufig unvollständig ist.

Nr. 172: Der Anker-Effekt

Tversky A./Kahneman, D.: Judgement under Uncertainty: Heuristics and Biases. Science, 1974, 185, 1124–1131.
Zuckerman, M./Koestner, R.: Anchoring in the Detection of Deception and Leakage. Journal of Personality and Social Psychology, 1984, 47, 301–311.

Geizkragen leben nicht mehr lange

Der Maler Paul Cézanne, geboren 1839 in Aix-en-Provence, liebte das Malen im Freien. Verärgert über eine geringfügige Fahrpreiserhöhung verzichtete er einmal auf die bequeme Kutsche und geriet in ein heftiges Unwetter. Er zog sich eine schwere Lungenentzündung zu, an deren Folgen er eine Woche später starb …

Nr. 173: Der Geizkragen-Effekt

Lewitt, E. M./Coate, D.: The Potential for Using Excise Taxes to Reduce Smoking. Journal of Health Economics, 1982, 1, 121–145.

Sie haben Glück

Eine Verkäuferin geht auf ein Ehepaar zu, das sich in einem Haushaltswarengeschäft ein Bügeleisen anschaut: »Ich sehe, Sie interessieren sich für dieses Modell, und das wundert mich nicht: Es ist ein sehr gutes Gerät zu einem sehr guten Preis. Aber leider habe ich es erst vor zwanzig Minuten einem anderen Paar verkauft. Und wenn mich nicht alles täuscht, war es das letzte, das wir hatten.«

Je knapper, desto begehrter – je begehrter, desto teurer

Den Kunden ist ihre Enttäuschung deutlich anzumerken. Dadurch, daß das Bügeleisen nun nicht mehr erhältlich zu sein scheint, hat das Gerät plötzlich noch an Reiz gewonnen. Meistens stellt dann einer der beiden die Frage, ob möglicherweise im Lager oder anderswo noch ein unverkauftes Exemplar vorhanden sei. »Das ist«, antwortet dann die Verkäuferin, »nicht ausgeschlossen. Ich schaue mal nach. Und verstehe ich Sie richtig, daß Sie das Modell haben möchten?« Die Verkäuferin beherrscht die raffinierte Taktik des knappen Angebots. Die Kunden sollen sich zu einem Zeitpunkt auf das Gerät festlegen, da es am unerreichbarsten und damit am attraktivsten erscheint. Viele Kunden treffen in diesem Augenblick die Entscheidung zum Kauf, dann verschwindet die Verkäuferin ins Lager und kehrt – ausgerüstet mit einem Kugelschreiber und einem Kaufvertrag – mit der erlösenden Botschaft zum Ehepaar zurück: »Sie dürfen sich glücklich schätzen. Ich fand noch eines.«
Das gewinnträchtige Spiel mit der Knappheit des Angebots spielt auch in Szene-Lokalen wie Diskos, Bars, Kinos eine Rolle: Bewußt wird eine allerdings nicht zu lange Schlange angestaut, obwohl in den Lokalen durchaus Platz vorhanden ist. Je weniger Möglichkeiten bestehen, etwas zu erreichen, desto wertvoller erscheinen sie.

Nr. 174: Der Ich-bin-ein-Glückspilz-Effekt

Gross, S. F.: Beziehungsintelligenz. Landsberg 1997.

Kapitel 22
Menschen sind so kommunikativ

Anderer Leute Briefe: gefunden, gelesen und ...

Sie finden einen Brief – adressiert, frankiert, jedoch nicht abgestempelt. Jemand muß vergessen haben, den Brief einzuwerfen. Als Absender tritt ein M. Thuringer auf. Diese Person ist Ihnen fremd. Wie groß ist Ihre Bereitschaft, diesen Brief abzuschicken?

In einem Experiment waren die Briefe an vier unterschiedliche Adressaten gerichtet:

Medizinische Forschungsgesellschaft
Mr. W. Carnap
PO Box 7147
304 Columbus Allee
New Haven 11. Connectitut

Freunde der Kommunistischen Partei
Mr. W. Carnap
PO Box 7147
304 Columbus Allee
New Haven 11. Connectitut

Freunde der Nationalsozialistischen Partei
Mr. W. Carnap
PO Box 7147
304 Columbus Allee
New Haven 11. Connectitut

Mr. W. Carnap – persönlich
PO Box 7147
304 Columbus Allee
New Haven 11. Connectitut

Der Briefinhalt war stets derselbe:

4. März 1963

Lieber Walter Carnap,
entschuldigen Sie, daß ich erst jetzt auf Ihren wichtigen Brief vom 9. Januar 1963 antworte. Aber ich war längere Zeit krank. – Ich bin mit Ihrem Terminvorschlag einverstanden und werde an der nächsten Besprechung, wie

```
von Ihnen angegeben, teilnehmen. In dieser Besprechung
wird sicherlich alles für unsere Sache Wichtige disku-
tiert und beschlossen werden. Das Ganze muß natürlich
noch sehr gut durchorganisiert werden! Selbstverständ-
lich bringe ich das Informationsmaterial für die Bespre-
chung mit.

Viele Grüße
Ihr
Max Thuringer
```

Im Brief wurde lediglich mitgeteilt, daß Max Thuringer an einem vorgesehenen Treffen teilnähme. Mit Absicht war der Briefinhalt so »nichtssagend«, daß er vom jeweiligen Finder nur in bezug auf die angeschriebene Institution (den Adressaten) zu beurteilen war. Während nur jeweils fünfundzwanzig Prozent der an die »Kommunistische Partei« und an die »Nationalsozialistische Partei« gerichteten Briefe eintrafen, waren es bei der »Medizinischen Forschungsgesellschaft« und beim Einzeladressaten »Mr. W. Carnap – persönlich« jeweils zweiundsiebzig Prozent.
Die Rücklaufquote steht in einem engen Zusammenhang mit dem Grad der Einstellung gegenüber den Adressaten. Die Bereitschaft zu bestimmten Handlungen gegenüber anderen Menschen und anderen Organisationen wird dadurch bestimmt, ob eine Übereinstimmung zwischen den eigenen Ansichten und denen des oder der anderen vermutet wird oder nicht.

Nr. 175: Der Adressaten-Effekt

Milgram, S.: The Lost-Letter Technique. Psychology Today, 1969, 3, 30-33.

Der Gefühlston in Ihren Ohren

Zur Veranschaulichung von inneren Zusammenhängen zwischen unmittelbaren Wahrnehmungseindrücken und Wortklängen hat W. Köhler zwei Strichzeichnungen als Demonstrationsmaterial verwendet.

Schaubild 20: »Takete« oder »Maluma«?

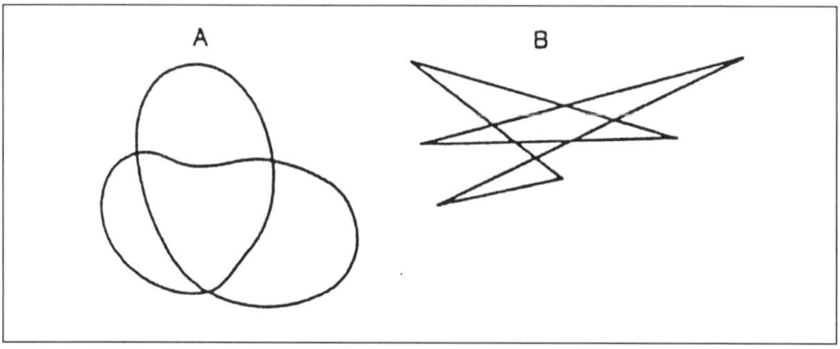

Die zwei Strichzeichnungen muten sehr gegensätzlich an. Welche Zeichnung bezeichnen Sie spontan mit »Takete« und welche mit »Maluma«?

Nach Köhler ist zu entscheiden, welches Wort jeweils am geeignetsten zu welcher Strichzeichnung paßt. Die Versuchsteilnehmer wurden gefragt: Welche der beiden Figuren bezeichnen Sie mit »Takete«, welche mit »Maluma«? Das Ergebnis ist eine nahezu einhellige Zuordnung des Namens »Maluma« zur Figur A und der Bezeichnung »Takete« zur Strichzeichnung B.

Musik in Ihren Ohren?

Mit diesem Prinzip der Ausdruckshaftigkeit von Wahrnehmungsinhalten ist der Aspekt des Gefühlstones verbunden, der üblicherweise mit der Verarbeitung von Sinneseindrücken einhergeht. Über das Wort- und Klangbild erleben wir den »Ausdrucksgehalt« von Gegenständen. Unsere Anmutungseinschätzung von Gegenständen schlägt sich im Wort- und Klangbild nieder. Markenprodukte »klingen« in unseren Ohren. Erfolgreiche Marken wie »Marlboro« und »Haribo« erzeugen Wort- und Klangbilder. Außerdem beeinflußt der Gefühlston von Begriffen unsere Wahrnehmung.

Nr. 176: Der Gefühlston-Effekt

Köhler, W.: Gestalt Psychology. New York 1947.

Worte erzeugen Bilder

Setzen Sie das Wort in die Lücke ein, das Ihnen aufgrund eines vorgegebenen Reizwortes spontan als erstes in den Sinn kommt:

1. Das Reizwort »Arbeiten« verknüpfe ich gedanklich mit …

   ____

2. Das Reizwort »Kurz« verknüpfe ich gedanklich mit …

   ____

3. Das Reizwort »Rot« verknüpfe ich gedanklich mit …

   ____

4. Das Reizwort »Berg« verknüpfe ich gedanklich mit …

   ____

5. Das Reizwort »Frau« verknüpfe ich gedanklich mit …

   ____

Auf eine solche Aufgabe reagieren die Versuchsteilnehmer gewöhnlich mit der Nennung desjenigen Wortes, das am stärksten mit dem Reizwort gedanklich (»assoziativ«) verknüpft ist.
Die Stärke der assoziativen Verknüpfung ist für die Begriffsbildung von entscheidender Bedeutung. Denn Begriffe werden schneller gebildet und sicherer behalten, wenn bereits eine Beziehung zwischen dem Reizwort und dem zu findenden Begriff besteht.
Es wird angenommen, daß zwei Vorstellungsinhalte oder zwei Verhaltensweisen miteinander verbunden werden, wenn sie in räumlicher oder zeitlicher Hinsicht benachbart auftreten oder wenn sie einander ähnlich sind.
Bei dreihunderteinunddreißig Schülern und Studenten aus Würzburg erzeugen die Reizworte unterschiedliche Gedankenverknüpfungen:

Schaubild 21: Reizwörter rufen Vorstellungsinhalte hervor

Rangplatz	*arbeiten*	*kurz*	*rot*	*Berg*	*Frau*
1	faulenzen (30)	lang (174)	grün (38)	Tal (116)	Mann (131)
2	schlafen (26)	Schrift (12)	Farbe (24)	hoch (29)	Mutter (18)
3	ruhen (18)	schnell (9)	blau (22)	Gipfel (19)	Kind(er) (16)
4	schaffen (16)	Weile (7)	gelb (19)	Alpen (12)	schön (9)
5	schwer (14)	klein (6)	weiß (17)	Spitze (10)	Liebe (7)
6	Schule (13)	Arbeit (5)	schwarz (16)	steil (9)	Weib (7)
7	Mühe (12)	bündig (5)	Liebe (14)	Höhe (6)	Mädchen (6)
8	ausruhen (8)	gut (5)	Stier (10)	Bahn (5)	Dame (5)
9	fleißig (6)	Kurzschluß (5)	grell (9)	Hügel (5)	Haar(e) (5)
10	Gold (6)	Waren (5)	Blut (7)	Schnee (4)	Hausfrau (5)

Häufigkeit der Nennungen in Klammern

Nr. 177: Der Reizwort-Effekt

Sarris, V.: Experimental-Psychologisches Praktikum. Berlin 1995.
Kent, G. H./Rosanoff, A. J.: A Study of Association in Insanity. American Journal of Insanity, 1910, 67, 37–96.

Die Drei-Sekunden-Regel: erst denken, dann sprechen

Das Frage- und Antwortspiel erfordert, was heute niemand mehr zu haben vorgibt: Zeit, Wartezeit. Beachten Sie die Drei-Sekunden-Regel:

Sie stellen jemandem eine Frage.
Sie warten drei Sekunden.
Sie nehmen die Antwort des Gesprächspartners entgegen.
Sie warten abermals drei Sekunden.
Dann erst sprechen Sie weiter.

Gönnen Sie sich öfter mal eine Pause

Was machen die Naturtalente unter den Rhetorikern? Die geborenen Redner richten im Gespräch ihre Fragen an den Zuhörerkreis. Ungeduldig warten sie einen Sekundenbruchteil. Wenn bis dann die Antwort nicht gekommen ist, richten sie die Frage an einen anderen Gesprächspartner, wiederholen die Frage ungeduldig oder geben die Antwort gleich selbst. Wenn ein Gesprächspartner geantwortet hat, wiederholen sie das Richtige in der Antwort und setzen das Gespräch fort.
Nun will ich mich ja nicht zur Behauptung hinreißen lassen, die geborenen Redner würden alles falsch machen. Mit Gewißheit jedoch geht den rhetorischen Naturtalenten die Wartekunst ab. Noch und noch verletzen sie die Drei-Sekunden-Regel. Deshalb sei geraten: Gönnen Sie sich im Frage- und Antwortspiel öfter mal eine Pause – allerdings mit System.

Bessere Gesprächsergebnisse mit der Drei-Sekunden-Regel

Die trainierten Rhetoriker warten mindestens drei Sekunden – und zwar nach ihrer Frage und nochmals nach dem letzten Wort des Gesprächspartners. Denn wer die Drei-Sekunden-Regel einhält, erreicht in kürzerer Zeit bessere Gesprächsergebnisse:

1. Sie selbst und Ihre Gesprächspartner bilden sprachlich gepflegtere, häufiger auch vollständige Sätze.
2. Sie selbst und Ihre Gesprächspartner verbessern die Logik in der Argumentation und im Gedankengefüge.
3. Sie selbst und Ihre Gesprächspartner denken mehr und intensiver nach.
4. Sie erhalten mehr Fragen und Anregungen von Gesprächspartnern, die ohne Drei-Sekunden-Regel nicht mitmachen. Mauerblümchen, Außenseiter und Zurückhaltende beteiligen sich häufiger.
5. Die Diskussion unter den Gesprächspartnern ist sachlicher.

Und jetzt der Höhepunkt für alle Performance-Freaks: Mit der Drei-Sekunden-Regel erhalten Sie bessere Gesprächsergebnisse –

inhaltlich wie auch zeitlich. Wartezeit ist keine verlorene Zeit. Wartezeit ist eine Investition in bessere Ergebnisse – und folgerichtig in ergebnisreichere Verhandlungen.
Noch ist die Drei-Sekunden-Regel im Gesprächsalltag unterentwickelt. Zum einen kennt die immerhin wissenschaftlich abgesicherte Drei-Sekunden-Regel niemand außer einigen eingefleischten Fans der Methodik und Didaktik. Zum anderen kommt die Wartezeit von drei Sekunden vielen zeitgenössischen Mitmenschen wie eine Ewigkeit vor. Wartezeit erleiden viele als Tortur. Wartezeit – meine Damen und Herren – heißt jedoch nicht Nichtstun! Nur ermöglicht die Wartezeit die vielerorts abhanden gekommene Wartekunst: erst denken, dann sprechen – wohlverstanden flüssig sprechen.

Nr. 178: Der Wartezeit-Effekt

Frey, K.: Allgemeine Didaktik. Zürich 1992.

Im Teufelskreis

Der Ehemann behauptet: »Meine Frau nörgelt ständig an mir herum. Deshalb lasse ich mich in der Kneipe volllaufen.« Die Ehefrau behauptet: »Mein Mann kommt des öfteren betrunken nach Hause. Deshalb nörgle ich an ihm herum.« Mit diesem starr festgelegten Verhaltensmuster gerät das Ehepaar in einen Teufelskreis. So schnell kommen sie aus dieser kreisförmigen Aufschaukelung nicht wieder heraus. Im Gegenteil: Das Ehepaar kommuniziert im Kreis. Der Konflikt ist vorprogrammiert.
Nur zwei Menschen sind am Ablauf beteiligt. Und doch macht es die Kreisförmigkeit ihrer Interaktion oft praktisch unmöglich zu entscheiden, ob eine bestimmte Handlung A (Nörgelei der Frau) die Ursache oder die Folge einer Handlung B (Betrunkenheit des Mannes) der anderen Seite ist. In der eigenen Sicht faßt natürlich jede Partei – Frau und Mann – ihre eigenen Handlungen als durch die Haltung der anderen Seite bedingt, hervorgerufen, provoziert

Schaubild 22: Ehefrau und Ehemann drehen sich im Kreis

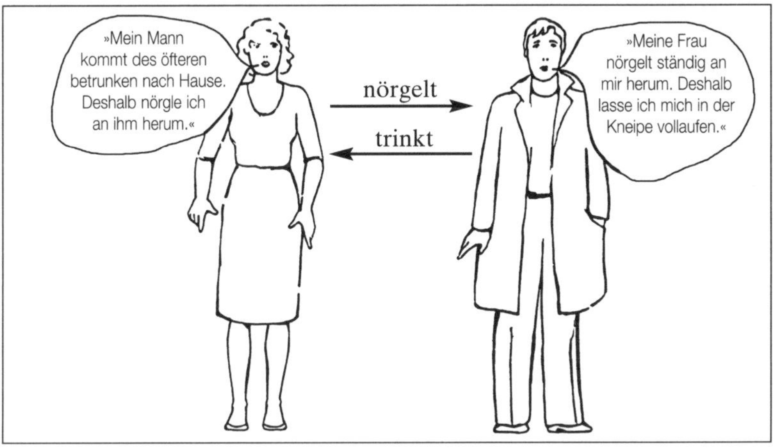

auf. Von außen her und im Gesamtzusammenhang gesehen, erweist sich aber jede Aktion der einen Partei als Auslöser einer Reaktion der anderen, und diese Reaktion wird dann die Ursache für das, was die erste Seite »lediglich« als ihre Reaktion betrachtet. Die Kommunikationsforschung hat für diesen Teufelskreis-Effekt den Ausdruck »Interpunktion« eingeführt. Einige Beispiele derart kreisförmiger Verhaltensmuster:

Schaubild 23: So schnell kommen Ehepaare aus dem Teufelskreis nicht wieder heraus

Nr. 179: Der Teufelskreis-Effekt

Watzlawick, P./Beavin, J. H./Jackson, D. D.: Menschliche Kommunikation. Bern 1990.

Kapitel 23
Menschen sind so informiert

Anspielungen mit geballter Kraft

Belastende Anspielungen reichen, um einen Zusammenhang zwischen einer namentlich genannten Person und einem bestimmten Sachverhalt zu bewirken:
»Steht Bob Talbert mit der Mafia in Verbindung?« Wer diese Frage hört oder liest, tendiert dazu, Bob Talbert mit der Mafia in Verbindung zu bringen. Noch erstaunlicher ist die Tatsache, daß selbst eine verneint dargebotene Unterstellung der Art »Bob Talbert steht nicht mit der Mafia in Verbindung« vollkommen ausreicht, um Bob Talbert in den Dunstkreis der Mafia zu rücken.

Nr. 180: Der Mafia-Effekt

Wegner, D. M./Beattie, A. E.: Incrimination Through Innuendo: Can Media Questions Become Public Answers. Journal of Personality and Social Psychology, 1981, 40, 822–832.

Wie sportlich sind Berliner?

Mit Statistik können Sie allen alles beweisen. Nehmen wir an, Sie wollen beweisen, daß die Berlinerinnen und Berliner völlig unsportlich sind (Harald Juhnke ausgenommen). Wie stellen Sie diesen Kurzschluß – pardon Zusammenhang – statistisch her? Stellen Sie sich auf den Kurfürstendamm und befragen Sie siebenunddreißigtausend Personen. Das sollte reichen. Erstens fragen Sie die Passanten nach deren sportlichen Aktivitäten: »Würden Sie die Gobi-Wüste mit Rollerblades durchqueren?« oder: »Würden Sie die Eigernordwand ohne Seil erklimmen mögen?« Mit großer Wahrscheinlichkeit erhalten Sie zwei Ja gegen sechsunddreißigtausendneunhundertachtundneunzig Nein. Zweitens fragen Sie dieselben Passanten: »Haben Sie schon mal Salat gegessen?« Mit großer Wahrscheinlichkeit erhalten Sie diesmal zwei Nein gegen sechsunddreißigtausendneunhundertachtundneunzig Ja. Logo-Logo: Jetzt können Sie hingehen und aller Welt verkünden, daß die Berliner Bevölkerung nicht gerne Sport treibt, weil Berlinerinnen und Berliner vegetarisch sind …

Nr. 181: Der Logo-Logo-Effekt

Rollan, J.: La Suisse, 14.3.1969.

Ich traue meinen Augen nicht

Im aufschlußreichen »Asch«-Experiment werden sieben Studenten in einen Unterrichtsraum geführt. Die Aufgabe der Versuchspersonen besteht einzig darin, Striche gleicher Länge herauszufinden. Auf der linken Seite einer weißen Tafel befindet sich ein einziger Strich, die Standardlinie (X). Rechts sind drei verschieden lange Striche zu sehen, die sogenannten Vergleichslinien (A, B, C). Nur einer dieser Striche ist genauso lang wie der Standardstrich:

Schaubild 24: Aschs Aufgabe mit den Vergleichslinien

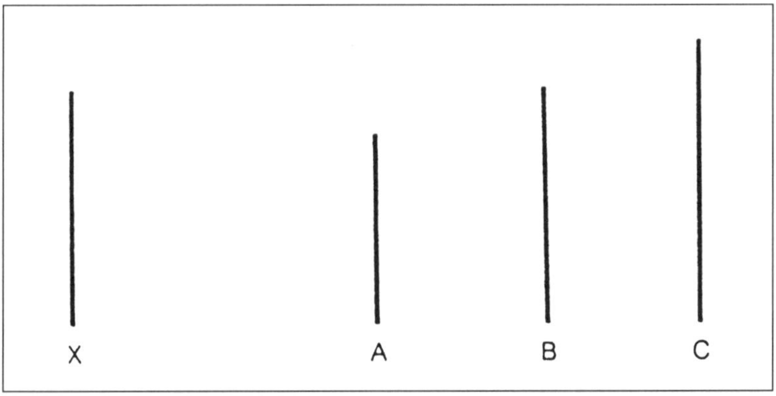

Die Versuchspersonen sollen angeben, welche der drei Vergleichslinien (A, B, C) gleich lang ist wie die Standardlinie (X).

Wenn Sie nun einen Studenten einzeln fragen, welche der drei Vergleichslinien genausolang wie die Standardlinie ist, wird er sehr wahrscheinlich die richtige Linie ausfindig machen.
Was geschieht aber, wenn sich dieser Student in der Gruppe mit den sechs anderen Studenten wiederfindet, die angewiesen werden, ihre Schätzungen ebenfalls laut vorzunehmen? Recht eigentlich sollte das keinen Unterschied machen. Ganz anders im Asch-Experiment: Sechs Versuchspersonen sind Verbündete des Versuchsleiters. Allerdings weiß die »naive« siebte Versuchsperson davon rein gar nichts. Mit anderen Worten: Mit Ausnahme der tatsächlichen Versuchsperson bestand die Gruppe aus »eingeweihten« Strohmännern (»Stooges«).

Konformitätsdruck versus Isolationsangst

Die sechs eingeweihten Versuchspersonen geben bei vorher abgesprochenen und eingeübten Schätzungen einstimmig falsche Antworten. So sagen sie, daß Strich A die gleiche Länge wie die Standardlinie X aufweise. Die unglückliche Versuchsperson befindet sich nun plötzlich und unerklärlicherweise im Widerspruch zur gesamten Gruppe, und zwar nicht nur einmal, sondern mehrere Male im Verlauf des Versuchs. Wahrscheinlich zum ersten Mal in ihrem Leben sieht sich die Versuchsperson einer Situation gegenübergestellt, in der das Verhalten der gesamten Gruppe in klarem Gegensatz zur Beweiskraft der eigenen Sinnesorgane steht. Die Versuchsperson findet sich im Spannungsfeld zwischen Konformitätsdruck und Isolationsangst wieder.

Nur nicht neben den Schuhen stehen

Die Versuchsperson sieht sich dem Problem gegenübergestellt, entweder mit der Mehrheit nicht übereinzustimmen und das zu sagen, was sie auf sich gestellt geäußert hätte, oder ihr eigenes Urteil anzuzweifeln und der Gruppe zuzustimmen: Siebenunddreißig Prozent der Urteile der »naiven« Versuchspersonen stimmen mit den (objektiv falschen) Schätzungen der einstimmigen Mehrheit

überein. Es mag überraschen, daß Universitätsstudenten mit normaler Sehfähigkeit angeben können, daß ein zwanzig Zentimeter langer Strich vierundzwanzig Zentimeter lang sei, nur weil sechs andere Studenten dies behaupten.
Unabhängigkeit der Menschen bedeutet – so hielt Asch im Nachgang zum Experiment fest – von der Echtheit der eigenen Erfahrungen überzeugt zu sein.

Nr. 182: Der Gruppendruck-Effekt

Asch, S. E.: Social Psychology. Englewood Cliffs, N.J. 1952.
Ders.: Opinions and Social Pressures. In: Scientific American, 1955, 193, 31–35.

Unser aller Schutzschild

Rezipienten (Hörer, Leser, Zuschauer) der Massenmedien vermeiden Informationen, die zu »kognitiven Dissonanzen« führen. Leser, Zuhörer und Zuschauer nehmen die Medieninhalte »selektiv« wahr: Rezipienten picken sich jene Meinungen und Inhalte aus dem Angebot, die mit den eigenen Einstellungen übereinstimmen. Meinungen in den Medien, die mit den eigenen Ansichten – also der eigenen »Prädisposition« – übereinstimmen, erzeugen eine »kognitive Konsonanz«.

Vietnamkrieg

Wer persönlich das Engagement der USA in Vietnam unterstützte, nahm die Berichterstattung im Züricher »Tages-Anzeiger« pro-amerikanisch wahr. Wem hingegen das US-Engagement in Vietnam mißfiel, empfand die Berichterstattung im »Tages-Anzeiger« als gegen die US-Politik in Vietnam gerichtet. In Tat und Wahrheit berichtete der »Tages-Anzeiger« als »Forum« sowohl pro als auch contra das US-Engagement.

Schaubild 25: Selektive Wahrnehmung

Selektive Wahrnehmung der Berichterstattung des Tages-Anzeigers: Er ist …	Einstellungen der Leserschaft als Prädisposition:	
	pro US-Engagement (N = 319)	contra US-Engagement (N = 247)
pro US-Politik in Vietnam	55%	23%
unentschieden	35%	43%
contra US-Politik in Vietnam	10%	34%

Die eigene Einstellung – die Prädisposition – wirkt als Schutzschild. Leser setzen sich »konsonant« denjenigen Nachrichten aus, mit denen sie sowieso übereinstimmen. Die selektive Wahrnehmung filtert nichtstimmige Botschaften heraus.

Nr. 183: Der Filter-Effekt

Bonfadelli, H./Hättenschwiler, W.: Wirkungen der Massenmedien. In: Bonfadelli, H./Hättenschwiler, W. (Hrsg.): Einführung in die Publizistikwissenschaft. Zürich 1996, 59–86.

Tempo bolzen ohne Abstand und ohne Anstand

Zöge heute einer wie im Grimmschen Märchen aus, das Fürchten zu lernen, dann sollte er sich an einem Nebeltag auf eine Brücke stellen, die eine Autobahn überspannt. Sähe er dann, wie schnell und in dichter Folge ein Fahrzeug nach dem anderen aus dem Nebel auftaucht, dann dürfte ihm ein kalter Schauder über den Rücken laufen. Zugegebenermaßen rasen manche zu schnell und zu dicht aus sturer Unbekümmertheit. Zugegebenermaßen bevorzugen »ganze Kerle« und echte Draufgänger auch bei Nebel eine unvorsichtige Fahrweise. Zugegebenermaßen lassen manche sich in Fahrzeugketten anstecken, ahmen hohe Geschwindigkeit und geringen Abstand nach. Und zugegebenermaßen überschätzen manche das eigene Fahrvermögen und/oder unterschätzen die Gefahr.

Beulenpest in der Nebelbank

Desorientierung herrscht bei jedem Eintauchen in eine Nebelbank. Grau in grau mit hoher Geschwindigkeit und geringem Abständen bolzen die Autokolonnen durch den dicken Nebel. Bei Massenunfällen im Nebel sind die Unfallbeteiligten zu schnell und zu dicht hintereinandergefahren. Nach der Einfahrt in eine Nebelbank kommt es bei Massenkarambolagen zu einer pausenlosen Knallerei – im Polizeijargon: zu einer »Beulenpest«.
In der Nebelbank »orientieren« sich Automobilisten an den Scheinwerfern des nachfolgenden Autos und an den Rücklichtern des Vordermannes. Zug und Druck zugleich führen zur Beschleunigung: Die Rücklichter des Vorausfahrenden üben einen Sog aus. Die Scheinwerfer des Nachfolgenden üben einen Druck aus – mit dem Ergebnis unzureichender Abstände, überhöhter Geschwindigkeit und folgenreicher Unfälle.

Nr. 184: Der Nebelbank-Effekt

Schönbach, P.: Massenunfälle bei Nebel. Zeitschrift für Sozialpsychologie, 1996, 109–125.

Wer die Fragen stellt, bestimmt die Antworten

Nicht die Befragten, sondern die Forscher bestimmen die Ergebnisse ihrer Meinungsumfragen. Mit der Zusammenstellung eines jeden Fragebogens haben es Forscher in der Hand, die Urteile über beliebige Tatbestände zu steuern. Wie? Mit harten oder weichen Ankerreizen.

Mit den *»weichen«* Ankerreizen 1, 3, 5, 7 im *linken* Fragebogen des Schaubildes 26 rufen Forscher ein *»strenges« moralisches Urteil* über die Tatbestände 2, 4, 6, 8 hervor. Beabsichtigen also Forscher, die Tatbestände 2, 4, 6, 8 als besonders verwerflich darzustellen, wählen sie den linken Fragebogen im Schaubild.

Mit den *»harten«* Ankerreizen 1, 3, 5, 7 im *rechten* Fragebogen des Schaubildes 26 rufen Forscher ein *»mildes« moralisches Urteil* über die Tatbestände 2, 4, 6, 8 hervor. Beabsichtigen also Forscher, die Tatbestände 2, 4, 6, 8 als kaum verwerflich darzustellen, wählen sie den rechten Fragebogen im Schaubild.

Schaubild 26: Ankerreize führen zu Urteilen nach Belieben

Fragebogen mit »weichen« Ankerreizen und »strengen« Urteilen	Fragebogen mit »harten« Ankerreizen und »milden« Urteilen
1) Sich im Hotel unter einem falschen Namen eintragen;	*1) Waffen gegen streikende Arbeiter einsetzen;*
2) Versäumen, Fische ins Wasser zurückzuwerfen, obschon sie unter der gesetzlichen Mindestgröße sind;	2) Versäumen, Fische ins Wasser zurückzuwerfen, obschon sie unter der gesetzlichen Mindestgröße sind;
3) Ein Geldstück behalten, das man in der Telefonzelle gefunden hat;	*3) Einem Krankenhaus Milch von kranken Kühen verkaufen;*
4) Gewohnheitsmäßig kleinere Geldbeträge von Freunden entleihen und versäumen, sie wieder zurückzugeben;	4) Gewohnheitsmäßig kleinere Geldbeträge von Freunden entleihen und versäumen, sie wieder zurückzugeben;
5) Handtücher aus einem Hotel stehlen; ein Brot aus dem Warenhaus stehlen, wenn man Hunger leidet;	*5) Sein verkrüppeltes Kind in einen Zirkus geben; die eigene Mutter ohne Rechtfertigung umbringen;*
6) Den Hund des Nachbarn vergiften, dessen Gebell einen stört;	6) Den Hund des Nachbarn vergiften, dessen Gebell einen stört;
7) Öffentlich kurze Hosen tragen, wo es nicht erlaubt ist;	*7) Jugendliche zur Drogenabhängigkeit verführen;*
8) Das Trinkgeld einstecken, das ein früherer Gast der Kellnerin zurückgelassen hat;	8) Das Trinkgeld einstecken, das ein früherer Gast der Kellnerin zurückgelassen hat;
Die »weichen« Ankerreize 1, 3, 5, 7 führen zu »strengen« moralischen Urteilen über die Tatbestände 2, 4, 6, 8. Was bedeutet »strenger«? Die Befragten beurteilen die Tatbestände 2, 4, 6, 8 häufiger als »sehr verwerflich« und »extrem verwerflich«.	Die »harten« Ankerreize 1, 3, 5, 7 führen zu »milden« moralischen Urteilen über dieselben Tatbestände 2, 4, 6, 8. Was bedeutet »milder«? Die Befragten beurteilen die Tatbestände 2, 4, 6, 8 häufiger als »nicht besonders verwerflich«.
Die *eine* Moral der Geschichte: Wer sehr verwerfliche oder gar extrem verwerfliche Urteile zu den Tatbeständen 2, 4, 6, 8 wünscht, baut den Fragebogen mit den weichen Ankerreizen 1, 3, 5, 7 auf.	Die *andere* Moral der Geschichte: Wer nicht besonders verwerfliche Urteile zu den Tatbeständen 2, 4, 6, 8 wünscht, baut den Fragebogen mit den harten Ankerreizen 1, 3, 5, 7 auf.

Die geschickte Anordnung der Tatbestände – die Einbettung der Fragen im Fragebogen – verzerrt das moralische Urteil über Tatbestände nach Belieben. Oder mit anderen Worten: Wer die Fragen stellt, bestimmt die Antworten.

Nr. 185: Der Forscher-Effekt

Parducci, A.: The Relativism of Absolute Judgements. Scientific American, 1968, 84–90.

Kapitel 24
Menschen sind so genial

Bewegung in der Dunkelkammer

In einem ansonsten vollständig dunklen Raum sahen Versuchsteilnehmer entweder einzeln oder in Gruppen von zwei oder drei Personen ein einziges stationäres Licht in einer Entfernung von etwa fünf Meter. Wie Sie vielleicht schon selbst erlebt haben, scheint sich ein stationäres Licht in Abwesenheit von Bezugspunkten in alle mögliche Richtungen zu bewegen. Diese Wahrnehmungstäuschung heißt »autokinetischer Effekt«.

Wenn Versuchsteilnehmer alleine urteilen
Sobald die Versuchsteilnehmer das erste Urteil über das Ausmaß der Lichtbewegung abgegeben hatten, entwickelten sie eine persönliche Norm, um die sich nachfolgende Schätzungen bewegten. Diese persönliche Norm war individuell stabil, variierte jedoch stark zwischen einem und zwanzig Zentimetern zwischen den Individuen.

Wenn Versuchsteilnehmer in Gruppen urteilen
Als die Versuchsteilnehmer jedoch in Gruppen dem Test unterzogen wurden, näherten sich ihre Schätzungen aneinander an und blieben ähnlich, auch wenn sie später wieder allein getestet wurden.

Nr. 186: Autokinesie-Effekt

Sherif, M.: A Study of Some Social Factors in Perception. Archives of Psychology, No. 187, 1935.

Wie fein ist Ihr Spürsinn?

Die Auflösungsfähigkeit unserer Sinne, die kleinste Differenz zwischen zwei Reizen, die noch entdeckt werden kann, kennzeichnet das Webersche Gesetz. Nehmen wir das Gewichtsbeispiel. Wieviel zusätzliches Gewicht braucht es, um einen Unterschied zu spüren

(»Diskrimination«)? Bei welchem Schwellenwert spüren wir den kleinsten eben noch bemerkbaren Gewichtsunterschied?

Schaubild 27: Wie fein ist Ihr Spürsinn?

Gewicht des Vergleichskörpers	Unterschied spürbar ab	Verhältnis
100 Gramm	2 Gramm	1:50
200 Gramm	4 Gramm	1:50
400 Gramm	8 Gramm	1:50
800 Gramm	16 Gramm	1:50

Der Schwellenwert steht in einem immer konstanten Verhältnis zum Vergleichsgewicht. Bei einem Vergleichsgewicht von hundert Gramm beträgt der erforderliche Schwellenwert zwei Gramm, bei einem Gewicht von zweihundert Gramm liegt er bei vier Gramm, bei einem Gewicht von vierhundert Gramm bei acht Gramm, bei einem Gewicht von achthundert Gramm bei sechzehn Gramm usw. Der erforderliche Gewichtsunterschied beträgt stets ein Fünfzigstel des Vergleichsgewichts.

Guter Ton und schlechter Geschmack

Beträgt der Differenz-Effekt bei Gewichtsveränderungen ein Fünfzigstel, so beträgt das Verhältnis

- bei der Tonhöhe bereits ein Dreihundertdreißigstel. Sie dürfen nicht falsch singen. Man hört es sofort.
- bei Helligkeitsveränderungen (heller oder dunkler) bereits ein Zweiundsechzigstel;
- bei der Temperatur ein Dreißigstel, bei achtzehn Grad Zimmertemperatur verspüren wir den kleinen Unterschied von 0,6 Grad Celsius: »Jetzt wird es kälter.« – »Jetzt wird es wärmer.«;
- bei Druck auf die Haut ein Siebtel: »Jetzt schlägt der Boxer fester zu.«;
- bei Geruch ein Viertel: »Jetzt stinkt es noch abscheulicher.« Wer oder was schon stinkt, darf im Verhältnis 1:4 abscheulicher riechen, bis jemand einen Unterschied merkt.

- bei Geschmack gar ein Drittel: »Diese Suppe ist versalzen.« Sie dürfen also mit Verlaub recht viel mehr Salz in die Suppe streuen, bis es jemand merkt!

Nr. 187: Der Differenz-Effekt

Boring, E./Langfeld, H./Weld, H. (Hrsg.): Foundation of Psychology. New York 1948.

Fechner, G.: Elemente der Psychophysik. Leipzig 1860.

Was fällt ins Gewicht?

Die Größen-Gewichts-Täuschung besteht in einer Überschätzung des Gewichts von kleineren gegenüber dem von größeren Gegenständen. Hundert US-Soldaten wurde mitgeteilt, daß der größere Holzblock A (7,6 cm × 7,6 cm × 12,7 cm) dreihundert Gramm wiege. Die Soldaten hatten lediglich die Aufgabe, das Gewicht des kleineren Holzblocks B (3,8 cm × 3,8 cm × 6,35 cm) in Gramm zu schätzen. In Wahrheit wogen beide Körper dreihundert Gramm.

Schaubild 28: Welches Gewicht ist »schwerer« – Gewicht A oder B?

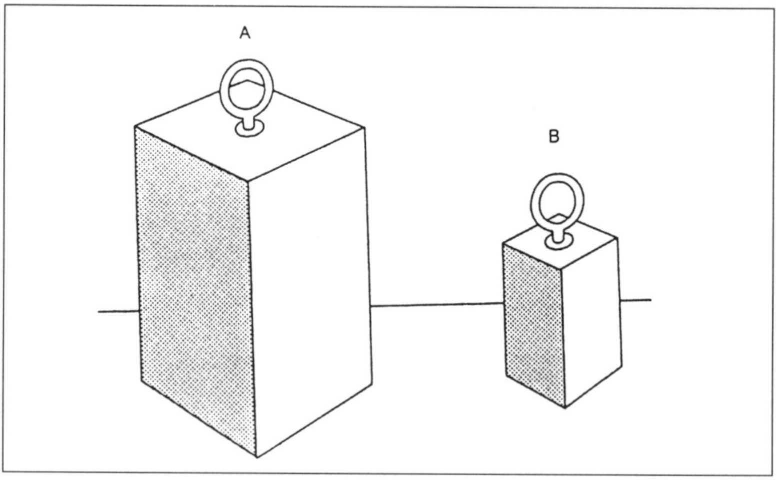

Jeder Soldat hatte demnach nichts weiter zu tun, als am Tragegriff zunächst den größeren und danach den achtmal kleineren Holzblock eigenhändig zu heben und dessen Gewicht mitzuteilen. Das Erstaunliche war nicht so sehr die Tatsache, daß so gut wie alle Soldaten den kleineren Körper als den schwereren wahrnahmen, sondern vielmehr die beachtliche Größe des Täuschungsbetrages – und dies, obschon beide Körper tatsächlich gleich schwer waren: Im Durchschnitt wurde der kleinere Holzblock auf etwa siebenhundertfünfzig Gramm geschätzt, also auf das Zweieinhalbfache seines tatsächlichen Gewichts, einige wenige Soldaten überschätzten die Schwere des Holzblocks B sogar um das Siebenfache!

Nr. 188: Der Holzblock-Effekt

Wahrnehmung ist durch das Zusammenwirken der Sinne gekennzeichnet. Die Größen-Gewichts-Täuschung liefert eine eindrucksvolle Demonstration einer mißlungenen Zusammenarbeit des optischen (sehenden) und des haptischen (greifenden) Sinnes.

Crutchfield, R. S./Woodworth, D. G./Albrecht, R. E.: Perceptual Performance and the Effective Person. San Antonio: Air Force Personnel and Training Research Center, 1955.

Punkt um Punkt getäuscht

Anhand von zwei Dias kann die Größen-Mengen-Täuschung vorgeführt werden. Zwei Vorlagen A und B mit je sechzig Punkten werden auf Dias je zwei Sekunden gezeigt. Dazu wird folgende Frage gestellt: »Wie viele Punkte befinden sich im Quadrat A, wie viele im Quadrat B?«

Schaubild 29: Wie viele Punkte befinden sich im Quadrat A, wie viele in B?

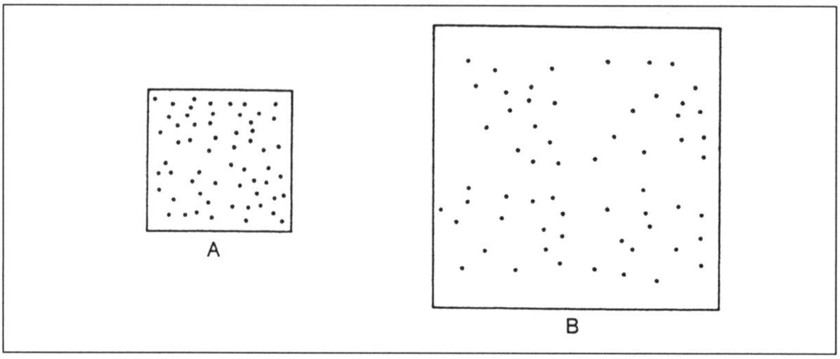

Schon bei der einfachen Aufgabe, die Punktmenge zu schätzen, ergeben sich erhebliche Unterschiede von Person zu Person. Dieselbe Punktemenge wird auf der kleineren Vorlage A überschätzt und auf der größeren Vorlage B unterschätzt. Die Versuchspersonen schätzen im kleinen Quadrat mehr als sechzig Punkte, im großen Quadrat weniger als sechzig Punkte, obschon in beiden Quadraten genau sechzig Punkte zufallsverteilt sind. Die Wahrnehmung der Größen- und Mengenreize (Fläche des Quadrats und Punkte) führt zu einem subjektiven »Dichte-Effekt«.

Nr. 189: Der Illusion-im-Quadrat-Effekt

Anderson, N. H.: Averaging Model Applied to the Size-Weight Illusion. Perception and Psychophysics, 1970, 8, 1–4.

Erstens kommt es anders, und zweitens, als man denkt

Den Versuchsteilnehmern wird ein Feld mit regellos verstreuten Zahlen und Buchstaben gezeigt. Sie erhalten vom Versuchsleiter eine Instruktion: »Sehen Sie sich die Zahlen in dem Feld an. Sie bekommen fünfzehn Sekunden Zeit. Dann entferne ich die Vorlage. Hernach notieren Sie sich bitte diejenigen Zahlen, die Sie behalten haben.«

Schaubild 30: Wie aufmerksam sind Menschen?

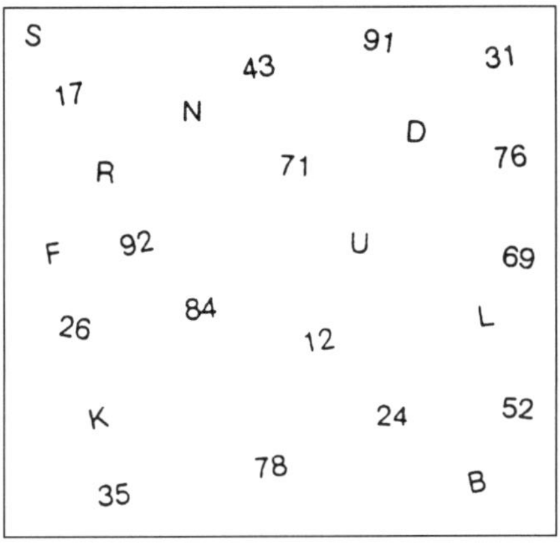

In Abweichung von dieser Instruktion erhalten die Versuchspersonen jedoch höchstens fünf Sekunden Zeit, um sich die Zahlen, wie aufgegeben, einzuprägen. Der Versuchsleiter entfernt nicht nur schon nach fünf Sekunden die Vorlage, sondern gibt im übrigen auch eine neue Anweisung: »Ich bitte Sie um Unterbrechung der Aufgabe. Versuchen Sie sich nun nicht an die Zahlen, sondern an die Buchstaben zu erinnern, die auf der Vorlage abgebildet waren. Schreiben Sie nur die Buchstaben auf, die Sie noch in Erinnerung haben.«

Gelenkte Aufmerksamkeit – gelenkte Wahrnehmung

Durch die unerwartete Umlenkung der Aufmerksamkeit von den beobachteten Zahlen auf die nichtbeachteten Buchstaben fällt die Gedächtnisleistung gering aus. Die Versuchsteilnehmer haben ein »Set« im Zahlenbereich aufgebaut. Gefragt wurde jedoch überraschend nach den Buchstaben. Flexibilität ist gefragt. Auch im Alltag erfahren wir immer wieder eine Umlenkung der Aufmerksamkeit – im Straßenverkehr, in der Kundenbeziehung, in der Erziehung.

Nr. 190: Der Flexibilitäts-Effekt

Allport, F. H.: Theories of Perception and the Concept of Structure. New York 1955.

Via Versuch und Irrtum zur Lösung?

Die sechs Figuren im Schaubild 31 besitzen einen nur geringfügig voneinander abweichenden Flächeninhalt. Die Aufgabe der Versuchsteilnehmer besteht darin, die Flächeninhalte nach ihrer tatsächlichen »objektiven« Größe einzureihen.
Bevor Sie weiterlesen: Rangieren Sie die sechs Figuren nach dem Flächeninhalt. Vergleichen Sie, wenn möglich, Ihre persönliche Rangreihenfolge mit der anderer Personen. Korrigieren Sie allenfalls Ihre persönliche Rangreihenfolge in Partner- und Gruppenarbeiten. Als Ergebnis wird erwartet, daß die auf einer Gesamtgruppenschätzung basierende Rangreihe im Vergleich zur Einzelschätzung wesentlich besser ausfällt.

Schaubild 31: Schätzung von Flächeninhalten

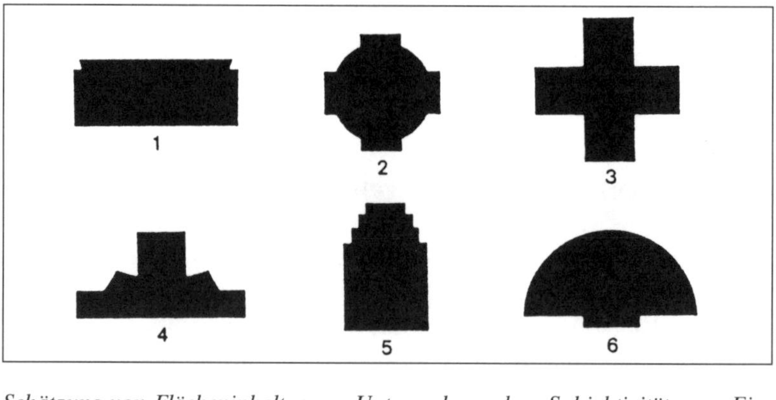

Schätzung von Flächeninhalten zur Untersuchung der »Subjektivität« von Einzelmeinungen und der »Objektivität« von Gruppenmeinungen

Ein Leistungsvorteil von Gruppenlösungen gegenüber Einzellösungen zeichnet sich einzig bei Aufgaben des Typs »Versuch und Irrtum« ab. Berater – seien es Ärzte, Consultants, Lehrkräfte usw. – leben von Gruppenmeinungen.

Nr. 191: Der Team-Effekt

Hofstätter, P. R.: Gruppendynamik. Hamburg 1971.

Lösung zur Übung »Schätzung von Flächeninhalten«: Die objektiv richtige Rangreihenfolge lautet 3, 6, 1, 2, 5, 4; die Figur 3 besitzt also den größten und die Figur 4 den kleinsten Flächeninhalt.

Denksport: Aha, ich hab's

In einem Garten sollen zehn Bäume gepflanzt werden, die so anzuordnen sind, daß sich fünf Reihen mit jeweils vier Bäumen ergeben. Wie muß die Anordnung aussehen?
Versuchen Sie, die Aufgabe zunächst allein, dann mit einem Partner/einer Partnerin und schließlich in einer größeren Gruppe zu lösen.

Zeichnen Sie zehn Bäume in fünf Reihen mit jeweils vier Bäumen auf:

Lösung der Denksportaufgabe:

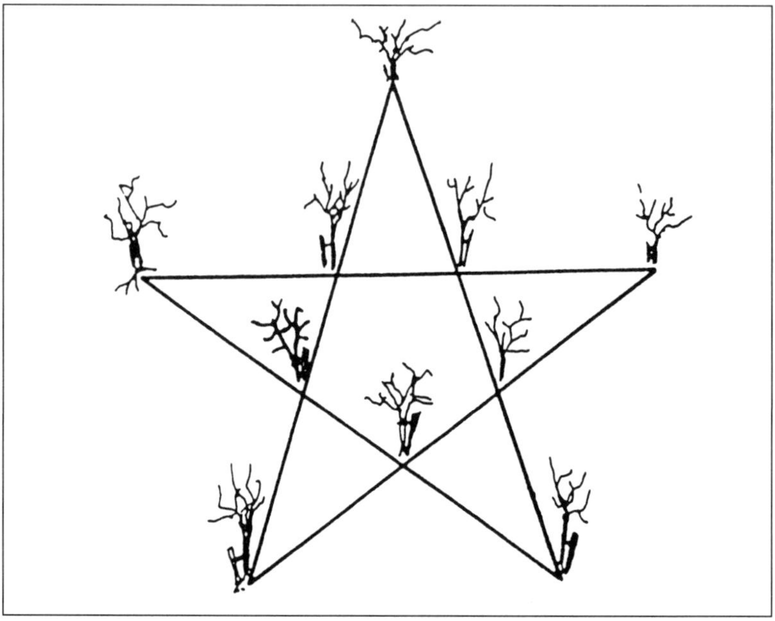

Eine solche Denksportaufgabe wird mit ziemlicher Wahrscheinlichkeit von einer Gruppe leichter gelöst als vom Durchschnitt der isoliert arbeitenden Personen. Nach einigem Hin und Her stellt sich die Lösung meist als sogenanntes Aha-Erlebnis ein. Die Gruppe hat ihre Lösung gefunden.

Nr. 192: Der Aha-Effekt

Bei manchen Aufgaben ist der Verlauf des Lösungsprozesses allerdings vielfach komplexer. So gibt es Aufgaben, bei denen die Richtigkeit der Lösung nicht so unmittelbar einsichtig ist wie im Beispiel mit den Bäumen. Dann kommt es häufig vor, daß die Gruppe eine richtige Lösung als falsch verwirft und neue Lösungswege sucht. Das Verwerfen richtiger Lösungen scheint besonders dann häufig zu sein, wenn die Lösungen von weniger beliebten Gruppenmitgliedern angeboten werden. Und umgekehrt: Das Weiterverfolgen eines Lösungswegs scheint besonders dann häufig zu sein, wenn der Vorschlag von sehr beliebten Gruppenmitgliedern stammt.

Nr. 193: Der Kumpel-Effekt

Lück, H. E.: Psychologie sozialer Prozesse. Opladen 1993.
Duncker, K.: Zur Psychologie des produktiven Denkens. Berlin 1962.
Franke, H.: Das Lösen von Problemen in Gruppen. München 1975.

Zu genial, um normal zu sein

Fachidioten sind recht eigentlich Schwachsinnige mit einer oder mehreren hochentwickelten Fähigkeiten. Am genauesten untersucht wurde der Fall des Fachidioten L.

L. wurde im Alter von elf Jahren von seiner Mutter zur psychologischen und medizinischen Abklärung gebracht. Die ärztlichen Untersuchungen wiesen ihn als gesund und körperlich gut entwickelt aus. Aber die Untersuchung seiner geistigen Fähigkeiten enthüllte eine Welt merkwürdiger Ausprägungen:

Einerseits gab L. für jedes Datum zwischen 1880 und 1950 den Wochentag an. Er zählte zehn- bis zwölfstellige Zahlen so schnell zusammen, wie der Versuchsleiter sie ausrufen konnte. Er konnte Wörterreihen problemlos vorwärts und rückwärts buchstabieren. Er sang allein nach dem Gehör von Anfang bis Ende die Arien »Credo«, »Si Ciel« und »Adagio Pathétique« aus der Oper »Othello«. Ebenfalls nur nach Gehör spielte er Kompositionen wie das Largo von Antonín Dvořák.

Andererseits war L. außerstande, dem üblichen Lehrplan der Schule zu folgen. Sein allgemeiner Wissensstand war eindeutig unterdurchschnittlich. Er kannte die Bedeutung nur sehr weniger Worte. Logisches Denken war ihm fremd. Er war hilflos bei jedem

Problem, bei dem es um Abstraktionen ging. Sein IQ nach dem Binet-Test war fünfzig! Wir neigen dazu, fünfzig IQ-Punkte in so drastische Begriffe wie »Schwachsinn«, »Idiot« oder »Genie« zu übersetzen.

Schaubild 32: Wer ist schwachsinnig, idiotisch, genial?

	Ein Kind mit einem IQ von	*Einen gleich hohen oder höheren IQ haben (von 10 000 Kindern)*
hervorragend intelligent	160 150 140	3 23 130
sehr intelligent	130 120	440 1 300
überdurchschnittlich intelligent	110	3 100
normal oder durchschnittlich intelligent	100 90	5 400 7 700
unterdurchschnittlich intelligent	80	9 200
leicht debil	70	9 700
geistig behindert	60	9 900
schwachsinnig, idiotisch, genial	50	10 000

IQ-Werte für große Populationen weisen eine normale Verteilungskurve auf.

Zum Spezialisten verdammt?

Die Überlegenheit auf engumgrenzten Gebieten ist L. nicht einfach in die Wiege gelegt worden. Sie zeugt nicht notwendigerweise von einer sehr hohen Begabung. Vielmehr demonstriert L. den Effekt spezieller Motivation in sehr spezialisierten Disziplinen. Jedes normale Kind könnte das schaffen, was L. leistete – und noch viel mehr.

Das Phänomen des Fachidioten deutet die Wissenschaft so: Abstraktionsfähigkeit ist eine wichtige Voraussetzung für das normale Funktionieren aller geistigen Fähigkeiten. Wenn wie bei L.

die Abstraktionsfähigkeit beeinträchtigt ist, fühlt sich der Betreffende in abnormalem Maß motiviert, diejenigen Funktionen zu üben und zu entwickeln, die weniger behindert sind. Der Betreffende entwickelt daher »ausgefallene« Leistungsmuster. Er kann zwölfstellige Zahlen addieren, versteht aber nicht die Logik und die Regeln der Arithmetik. Er kann Wörter buchstabieren, begreift aber ihre Bedeutung nicht.

Nr. 194: Der Spezialisten-Effekt
Der Fachidioten-Effekt

Scheerer, M./Rothmann, E./Goldstein, K.: A Case of »Idiot Savant«: An Experimental Study of Personality Organization. Psychological Monographs, 1945, 58, Nr. 4.

Terman, L./Merrill, M.: Stanford Binet Intelligence Scale. Manual for the Third Revision: Form L-M. Boston 1960.

Kapitel 25
Menschen sind so sensibel

Der Mann mit dem weißen Bart

Viele Erlebnisse der ersten drei Lebensjahre vergessen wir. Sie verfallen der Amnesie (= totales Vergessen). Was wir später aus dieser Zeit wissen, stammt meist aus Erzählungen der Eltern. Daß die Ereignisse der ersten drei Lebensjahre so rasch in Vergessenheit geraten, hat wahrscheinlich seinen Grund darin, daß das Kind nicht in der Lage ist, sie in Beziehung zu anderen Begebenheiten zu bringen.
Nicht der Amnesie verfallen in den ersten drei Lebensjahren außerordentliche Situationen mit überwältigenden Emotionen. Im Unterbewußtsein bleiben zufällige Einzelheiten haften. Diese unbewußten Erinnerungen an bestimmte Erlebnisse können zeitlebens immer wieder auftreten.

Keine Amnesie für Emotionen

Ein kleines Mädchen mußte sich mit zweieinhalb Jahren einer Operation unterziehen. Wie oft nach solchen Ereignissen traten in der Folge Mißtrauen, Unsicherheit und große Abneigung gegen ärztliche Untersuchungen auf. Besonders unangenehm war jedoch, daß das Kind, sobald es einen weißen Bart erblickte, in heftigste Erregung geriet, sich verzweifelt an die Mutter klammerte und aus vollem Hals schrie. In Geschäften, in einer Gaststätte, in der Straßenbahn kam es zu solchen Auftritten, die sich noch steigerten, wenn der freundliche Träger des weißen Barts das Kind zu trösten versuchte. Das Kind schlug jeden Trost aus. Der freundliche Mann zog sich verwundert zurück und dachte wahrscheinlich: »Die heutigen Kinder sind ungezogen.« Die Mutter entschuldigte sich eilends: »Es ist halt ein Kind.« Des Rätsels Lösung: Der Chirurg, der die Operation vorgenommen hatte, trug einen weißen Bart. Das emotionale Gedächtnis war auf einen weißen Bart konditioniert. Schon nach wenigen Monaten waren die meisten Einzelheiten der Operation vergessen, aber das emotionale Gedächtnis, die Erinnerung an den weißen Bart, blieb bestehen und wirkte weiter. Noch mit fünf Jahren weigerte sich das Kind, einen Laden zu betreten, in dem ein Mann mit einem weißen Bart bediente.

Nr. 195: Der Weiße-Bart-Effekt

Bondy, C.: Einführung in die Psychologie. Frankfurt 1967.

Vorstellungskraft – eine geballte Ladung

Raumfahrer tun es, Sportlern hilft es auch: Segler und Skirennläufer haben ihre Rennstrecke lange vor dem Startschuß mit dem geistigen Auge ebenso bewältigt wie Schützen, Turmspringer oder Tennisspieler, bevor sie tatsächlich schießen, springen oder den Ball spielen. Sprintweltmeister und Olympiasieger Linford Christie sieht in der Vorbereitung ausdrücklich »jeden einzelnen Schritt«, den er im Rennen machen wird. Golfstar Jack Nicklaus schwingt den Putt erst, wenn er vor seinem geistigen Auge sehen kann, »wie der Ball ins Loch fällt«. Alle diese Sportler trainieren »mental«.

Mentaltraining

Die Sportpsychologie versteht unter »mentalem Training« das systematische und intensive geistige Durchspielen einer Handlung, ohne daß diese tatsächlich durchgeführt wird. Psychologisch kann die Wirksamkeit des mentalen Trainings auf den Carpenter-Effekt zurückgeführt werden: Die alleinige konzentrierte Vorstellung einer körperlichen Bewegung, das »Visualisieren« (»Veranschaulichen«), führt zu tatsächlichen muskulären und nervlichen Impulsen im Körper.

Nr. 196: Der Carpenter-Effekt

Janssen, J./Hahn, E./Strang, H.: Konzentration und Leistung. Göttingen 1991.
Ott, E.: Das Konzentrationsprogramm. Hamburg 1992.
Zielke, W.: Konzentrieren – keine Kunst. Hamburg 1993.

Aus Minus mach Plus

Minderwertige Menschen sind anderen unterlegen. Minderwertigkeit führt zu Abhängigkeit und Kränkung. Minderwertigkeitsgefühle entstehen nicht nur im Kindes- und Jugendalter. Auch Erwachsene fühlen sich unterlegen wegen ...

- des Körpers (beispielsweise Übergewicht und Fettpolster),
- des Geschlechts (beispielsweise Hausfrau als weder geschätzter noch anerkannter Beruf),
- der Schichtzugehörigkeit (der arme Schlucker mit ständigen Klimmzügen am Brotkasten),
- der Stellung im Unternehmen/Betrieb (das »Mädchen für alles« als Spielball des Chefs und Prellbock für die Launen des Vorgesetzten),
- der sozialen Hierarchie (Bettler unter Königen, Laie unter Experten, Mauerblümchen unter Stars).

Ich bin nichts, du bist alles

Kompensation bedeutet soviel wie Ausgleich der Minderwertigkeit oder der Minderleistung eines Organs durch ein anderes oder durch erhöhte eigene Anstrengung zu besserer Leistung. Durch Kompensation gewinnt nicht immer der Stärkere. Durch Kompensation gewinnt der Schwächere an Überlegenheit (Sir Darwin mit seinem»Survival of the fittest« sei gegrüßt ...). Warum?

Vom Minus zum Plus

Minderwertigkeitsgefühle und Kompensation gehören aufs engste zusammen. Alfred Adler sah darin ein Grundgesetz seelischen Lebens. Unterlegene Menschen streben nach Geltung und Macht, nach Vollkommenheit. Die Minus-Situation (Unterlegenheit in einem Bereich) führt zu einer Plus-Situation (Überlegenheit in einem anderen Bereich verbunden mit Geltung, Macht und Vollkommenheit). Wie die Minderwertigkeit zur Überlegenheit führt, zeigt der Kompensations-Effekt.

L'elefantino – das Elefäntchen fährt Rad

»Minderwertigkeit des Körpers führt zur Spitzenleistung im Radsport«: Als kleines Bürschchen wurde Marco Pantani der viel zu großen Ohren wegen als »Elefantino« gehänselt. Das Aussehen als Kind – untergewichtig und von kleinwüchsiger Gestalt – führt den jungen Marco zu einem sehr hohen Streben nach Anerkennung im Radfahren: 1998 gewann der italienische Radprofi Pantani sowohl den »Giro d'Italia« als auch die »Tour de France«! Damit hat er es jenen gezeigt, die ihn als Kind gehänselt haben. Sein Wettkampfgewicht notabene: achtundfünfzig Kilogramm. Diese »grinta«, dieser unbändige Siegeswille, hat ihn nicht nur zum Campione gemacht – zumindest bis zur vorletzten Etappe des Giros 1999, als Marco Pantani – der Rebell mit dem Kopftuch und dem Ohrring – wegen eines zu hohen Hämokritwertes (Anteil roter Blutkörperchen bei 52 % statt 50 %) nicht mehr starten durfte.

Der kleine und der große Bruder, die kleine und die große Schwester

»Minderwertigkeit in der Geschwisterreihe führt zur Übertrumpfung der Geschwister«: Diese Minderwertigkeit entsteht durch die Entthronung durch ein nächstes Geschwister oder die ständige Unterlegenheit des Jüngsten bei älteren Geschwistern. Aus der untergeordneten Stellung entwickeln Kinder ungeahnte Kräfte und Fertigkeiten, um die Geschwister mit hervorragenden Leistungen in bestimmten Bereichen zu übertrumpfen.

Der leidenschaftliche Liebhaber

»Minderwertigkeit durch Geschlechtszugehörigkeit führt zur Meisterschaft in der Liebhaberei«: Giacomo Girolamo Casanova (1725–1798) war als Junge schmächtig. Unter Jungen war er als Schwächling ausgestoßen. Gehänselt wegen seiner Schmächtigkeit und Schwäche wurde Casanova als Erwachsener zum Inbegriff des leidenschaftlichen Liebhabers schlechthin.

Der King of Pop

»Minderwertigkeit durch Schichtzugehörigkeit führt zur Weltspitze«. Arm wie eine Kirchenmaus mußte er als Kind ganz unten

durch, schwang jedoch später in seiner Disziplin oben auf: King of Pop Michael Jackson. Als Kind mußte er am eigenen Leib erleben, wie wirtschaftliche Not und karge Lebensumstände sowohl Verachtung als auch Ausschluß nach sich ziehen. Mit seiner Karriere kaufte er sich Achtung und Anerkennung.

Nr. 197: Der Kompensations-Effekt

Adler, A.: Menschenkenntnis. Frankfurt 1966.
Ders.: Praxis und Theorie der Individualpsychologie. Frankfurt 1974.
Ders.: Lebenskenntnis. Frankfurt 1978.

Schlimmer geht es (n)immer

Abwärts gerichtete Vergleiche dienen vor allem der Bewältigung negativer Gefühle (Trost). Hingegen dienen aufwärts gerichtete Vergleiche vor allem der Unterstützung positiver Gefühle (Zuversicht).

Abwärts gerichtete Vergleiche

Patientinnen mit heilbarem Brustkrebs, die sich einer Operation unterzogen haben, beurteilen ihre eigene Lage häufiger anhand von abwärts gerichteten Vergleichen (»Downward comparison«), indem sie sich mit Personen vergleichen, die noch schwerere Operationen hatten und die neue Situation schlechter bewältigen. Der Trost-Mechanimus abwärts gerichteter Vergleiche lautet: »Es könnte alles noch schlimmer sein!« Insofern verheißt der Downward-comparison-Effekt durchaus Glückseligkeit.

Nr. 198: Der Downward-comparison-Effekt

Aufwärts gerichtete Vergleiche

Patienten mit einem vermutlich unheilbaren Krebs bevorzugen es, Kontakt mit Patienten zu haben, denen es eher besser als ihnen selbst geht. Die Bevorzugung von aufwärts gerichteten Kontakten scheint damit zusammenzuhängen, daß Rollenmodelle gesucht werden, die den Patienten beweisen, daß die Krebskrankheit besiegt werden kann.

Nr. 199: Der Upward-comparison-Effekt

Fromm, E.: Vom Haben zum Sein. Wege und Irrwege der Selbsterfahrung. Weinheim 1989.

Taylor, S. E.: Social Comparison Activity under Threat: Downward Evaluation and Upward Contacts. Psychological Review, 96, 1989, 569–575.

Lob und Tadel – fürwahr eine Kunst

Zweifellos gehört eine schlechte Tat umgehend getadelt. Die Frage ist nur: Wie nur sag' ich es meinem Kinde?

Die schlechte Tat

Bei einer schlechten Tat ist nicht das Kind selbst zu tadeln, sondern die verwerfliche Tat.

Geeignet zum Tadel sind die Worte: »Die Tat ist verwerflich, weil ...«

Fehl am Platz bei einer schlechten Tat ist die persönliche Abwertung des Kindes. Wir schimpfen also nicht: »Du bist schlecht.«

Durch den persönlichen Tadel wertet sich das Kind ab: »Ich bin schlecht.«

Die gute Tat

Anders bei einer guten Tat: Bei einer guten Tat ist weniger die besonders gute Handlung, sondern vor allem das Kind als Person zu loben.

Nr. 200: Der Lob-und-Tadel-Effekt

Grusec, J. E./Redler, E.: Attribution, Reinforcement and Altruism: A Developmental Analysis. Developmental Psychology, 16, 1980, 525–534.

Kapitel 26
Menschen sind so dynamisch

Nickerchen statt Nachtschlaf

Leonardo da Vinci soll weniger als zwei Stunden pro Tag geschlafen haben – und die noch nicht einmal an einem Stück. Etwa alle vier Stunden gönnte er sich ein fünfzehnminütiges Nickerchen. Schlafforscher empfehlen Leonardo da Vincis Viertelstundenschläfchen in Berufen, die rund um die Uhr Wachsamkeit und Aufmerksamkeit erfordern.

Nr. 201: Der Nickerchen-Effekt

Stampi, C.: University of Ottawa, Health, 11/12, 1990.

Allzeit bereit? Pfadfinder vielleicht schon

Unser Körper und unsere Seele haben ihre festen Rhythmen. Wir sind nicht »allzeit bereit«. Im Tagesablauf gibt es optimale Phasen für ganz bestimmte Bedürfnisse und Tätigkeiten, die innerhalb von vierundzwanzig Stunden ihre Hochs und Tiefs haben.

Wie tickt Ihre innere Uhr?

Den Phasen liegt ein angenommener Tagesablauf zugrunde: Aufwachen um sechs Uhr, achtstündiger Arbeitstag, Zu-Bett-Gehen um dreiundzwanzig Uhr.

Schaubild 33: Die innere Uhr

07–09 Uhr Das Sex-Hoch. Die Sexualhormone erreichen ihren höchsten »Stand« – die Lust könnte optimal befriedigt werden.

08–10 Uhr Geringste Schmerzempfindlichkeit: Zahnarzttermine vereinbaren!

09–10 Uhr Das Kurzzeitgedächtnis arbeitet jetzt am besten: gute Zeit, um etwa vor einer Prüfung noch zu pauken.

09–12 Uhr Denkfähigkeit auf vollen Touren: beste Zeit für Analysen, Strategien und Problemlösungen.

10–12 Uhr Höchster Grad an Wachheit, Sprachfähigkeit erreicht ihren »Gipfel«: beste Zeit für Verhandlungen, Vorstellungsgespräche, Konferenzen.

13–15 Uhr Das Mittagstief. Ob Sie etwas essen oder nicht, Sie »hängen durch«. Ein kurzes Nickerchen wäre gut, um für den Rest des Tages fit zu bleiben.

15–16 Uhr Die Wachsamkeit steigt wieder an, das Langzeitgedächtnis erreicht seine höchste Kapazität: gute Zeit, um zu lernen oder sich eine Rede einzuprägen.

15–17 Uhr Stimmungsverbesserung – vom Tief (etwa 4 Uhr morgens) steigt die Stimmung nun auf den Tageshöhepunkt.

16–17 Uhr Streit-Zeit: Jetzt sind wir am »kampflustigsten« – gute Zeit, um um eine Gehaltserhöhung zu bitten oder die Konfrontation mit Widersachern zu suchen.

16–18 Uhr Die Geschicklichkeit gipfelt – Klavier spielen, Briefe tippen, basteln.

18–21 Uhr Alles wird langsamer, ruhiger – Entspannung ist angesagt: Abendessen, Fernsehen, Schmökern, aber nichts Anstrengendes, Aufregendes mehr, denn die Denkfähigkeit läßt nach.

19–21 Uhr Zeit zum Schmecken und Genießen: Die fünf Sinne sind jetzt am leistungsfähigsten – sensorische Erlebnisse können wir am besten genießen.

23–01 Uhr Das späte Hoch der Kreativität. Wer jetzt noch wach bleibt, kann mit dem »Stoff, aus dem die Träume sind« denken, schreiben, komponieren, erfinden ...

Nr. 202: Der Rhythmus-Effekt

Psychologie heute, 1992, 6, 44.

Anhang

Die wissenschaftlichen Quellen sind den einzelnen Erkenntnissen im Text direkt zugeordnet. Deshalb wird auf ein separates Literaturverzeichnis verzichtet. Autoren sind im Namenregister ausgewiesen.

Sachregister

G

H

I

Q

R

S

Namenregister

Bitte beachten Sie
die folgenden Seiten